Mensch, sei Mensch!

Henning Schramm

Fünf Essays
über die Freiheit des Menschen

Die Erstauflage des Buches erschien 2012 im Morlant Verlag.

Bibliografische Information der Deutschen Nationalbibliothek:
Die Deutsche Nationalbibliothek verzeichnet diese Publikation in
Der Deutschen Nationalbibliografie; detaillierte bibliografische
Daten sind im Internet über dnb.dnb.de abrufbar.

©2021 Henning Schramm
Herstellung und Verlag: BoD – Books on Demand, Norderstedt
ISBN: 9783754335024

Inhaltsverzeichnis

Einleitung

Heute, im Zeitalter von Gentechnik, von umwälzenden Neuerungen in der Informationstechnologie sowie einer um sich greifenden Globalisierung der Wirtschaft und Ökonomisierung der Gesellschaft, stellt sich die Frage nach der conditio humana mehr denn je. Die Idee der Aufklärung, die in der Einsicht begründet war, dass der Menschen im Vertrauen auf die Kraft seines vernünftigen Geistes sich selbst aus der Unmündigkeit und der Bevormundung durch weltliche und geistliche Autoritäten herauszuführen vermag, ist nach wie vor lebendig.

Wie in jener Zeit werden auch heute traditionelle Werte, Normen, Institutionen und die gesellschaftliche Verfasstheit insgesamt radikal in Frage gestellt und ihre Legitimation rationalen, vernunftgemäßen Kriterien unterworfen. Aber sind die Menschen im 21. Jahrhundert, die unvergleichlich tiefere naturwissenschaftliche Einsichten und Erkenntnisse in die Natur des Menschen haben, als alle Menschen jemals zuvor, heute freier und glücklicher? Was haben wir aus der Idee der Aufklärung gemacht? Haben wir uns von der ungerechtfertigten Bevormundung durch weltliche Autoritäten und geistlichen Dogmen tatsächlich befreit und sind mündige Bürger in einem frei verfassten Staat geworden? Wo liegen die Begrenzungen, wo die Gefährdungen für ein gutes, glückliches Leben heute, da wir in den westlichen Industriestaaten doch angeblich im materiellen Wohlstand leben und die Mehrzahl der Europäer von der Mühsal des täglichen Existenzkampfs enthoben ist?

Der abendländische Mensch – und um den geht es in diesem Essay-Band in erster Linie – ist wesentlich durch drei Grundbedingungen oder Meta-Phänomene bestimmt und geprägt worden.

Dies sind erstens die naturgegebenen Bedingungen des Menschen im Rahmen seiner evolutionären Entwicklung, die Frage nach dem Sinn des Lebens als solchem und der Spezifikation des menschlichen Lebens.

Das zweite Meta-Phänomen betrifft die Entstehungsbedingungen von Kultur und kultureller Evolution, der Frage nach dem Sinn von Glauben, Mythos, Spiritualität für die menschliche Gesellschaft.

Der dritte Pfeiler der Verfasstheit der Menschen in Europa heute ist die gesellschaftliche Ebene, die spezifisch europäische Lebensart, Zivilisation und Kultur, die sich im Spannungsfeld von kirchlicher und weltlicher Macht, von Rationalität, protestantischer (Arbeits-)Ethik und ökonomischem Denken historisch herausgebildet hat.

Alle diese Meta-Phänomene haben bis zum heutigen Tag große Wirkungen auf unsere Gesellschaft, unser individuelles Verhalten und unser Bewusstsein von Unabhängigkeit und Selbstbestimmung. Ohne Berücksichtigung dieser fundamentalen Bedingungen des Menschseins müssen die Fragen nach dem, was der Mensch ist, was ihn bewegt und treibt, was seinem Freiheitsgefühl und Autonomiebewusstsein Struktur gibt, fragmentarisch bleiben.

Eine prinzipielle Begrenzung der Freiheit und Autonomie erfährt der Mensch zunächst einmal durch seine tierische Herkunft, durch seine Eingebundenheit in die Naturprozesse allen Lebens. Diesem Aspekt wird in dem Essay ›*Was ist der Mensch?*‹ nachgegangen. Wie sind wir geworden, die wir sind? Wie hat sich Leben entwickelt und was sind die Begrenzungen des Lebendigen allgemein und des Menschen im Besonderen? Wer bin ich und inwieweit kann ich leben, der ich bin? Welchen Sinn hat Leben prinzipiell? Was ist Geist und was sind seine materiellen Grundlagen? Wie hat sich Bewusstsein und bewusster Geist mit der Fähigkeit zum Denken und der Hervorbringung von Kultur herausgebildet?

Grundsätzliche Fragen zum Menschsein also, welche die Wesensmerkmale des Menschen reflektieren. Eines Kultur-Menschen, der in freier, selbstbestimmter Verantwortung die Art und Weise seines Zusammenlebens sowie die grundsätzlichen Orientierungen und Werte aus dem Diskurs seiner Gesellschaftsmitglieder ableitet. Aber auch eines Menschen mit individuellen Bedürfnissen, mit Emotionen, mit Lust- und Glücksgefühlen, die, wie der bewusste Geist, integrative und sinnstiftende Wesensmerkmale des Menschlichen schlechthin sind.

In dem anschließenden Essay ›*Glauben, Mythos, Christentum*‹ wird der Versuch unternommen, die Entstehung und die Bedeutung von Glauben und Glaubenssystemen am Ursprung der Menschheitsgeschichte zu diskutieren. Es ist keine Gesellschaft auf der Erde bekannt, die nicht in irgendeiner Weise Mythen oder Glaubenssysteme hervor gebracht hat. In Europa entwickelte sich daraus das Christentum, das schließlich mit eiserner Hand und geistlichem Despotismus die Menschen viele Jahrhunderte lang geprägt und in geistiger Unfreiheit gehalten hat. Der totalitäre Herrschaftsanspruch und Dogmatismus insbesondere der katholischen Kirche führte dazu, dass Europa und seine Menschen viel Leid ertragen mussten, bis es schließlich den aufgeklärten Menschen in langen und oft auch blutigen Auseinandersetzungen gelang, die Macht, die die christlichen Kirche über die Menschen gewonnen hatte, einzudämmen. Die hegemoniale Herrschaft der Kirche über das Denken und die Seinsverfassung des Menschen musste einem säkularen Menschenbild Platz machen.

Der kirchliche Dogmatismus bezüglich der ›Weltwahrnehmung‹, der auch in die alltägliche, selbstbestimmte Lebensführung einzugreifen versucht, ist jedoch nicht von der Bildfläche verschwunden, sondern auch heute noch in der katholischen Kirche durchaus lebendig. In dem Essay ›*Liebe in Zeiten Benedikts*‹ wird solch ein Versuch der Rückgewinnung der begrifflichen Deutungshoheit durch die Kirche analysiert.

Als säkularer Machthaber wie auch als geistlicher Partner weltlicher Herrscher war die Kirche fast zweitausend Jahre ein wichtiger Pfeiler der europäischen

Kultur, aber auch direkt und indirekt an der politischen und sozialen Unterdrückung der Freiheitsbestrebungen der Menschen in Europa nachhaltig beteiligt. Der übermächtige Einfluss der katholischen Kirche auf Politik und Gesellschaft wurde bis zum 17. Jahrhundert nahezu unhinterfragt akzeptiert. Europa musste einen langen, mit Religionskriegen gepflasterten Weg zurück legen, bis schließlich die Trennung von Kirche und Staat im achtzehnten und neunzehnten Jahrhundert politisch durchgesetzt worden war. In dem Essay ›*Freiheit und soziale Verantwortung*‹ wird diese geschichtliche Entwicklung Europas und dessen Fundamente, nämlich das römischen Rechtsdenken, die griechische Philosophie und das Christentum, beleuchtet. Der Schwerpunkt liegt dabei auf den spezifischen Besonderheiten der europäischen Geschichte: der Kultur der Klöster, der Stadtkultur, der Universitäten als Ort geistiger Dispute, dem besonderen Verhältnis von Kirche und Staat und schließlich der geistigen und politischen Emanzipation Europas aus der Bevormundung durch die Kirche und den Feudalismus.

War es in der Vergangenheit der Glaubensdogmatismus der Kirche, der die Menschen in geistiger Unfreiheit gehalten hat, so scheinen heute die Gefährdungen der Freiheit und Selbstbestimmung durch die dogmatischen Glaubenssätze der neoliberalen (Un-)Kultur des ökonomischen Handelns ersetzt worden zu sein.

Diese Gefährdungen sind heute in erster Linie durch die Dominanz des Finanzkapitalismus zutage getreten und werden in dem Essay ›*Demokratischer Marktsozialismus*‹ behandelt. Dieser ausführliche Essay mit dem Charakter eines Manifestes führt den Leser unmittelbar bis in das Jahr 2012. Die demokratischen Errungenschaften der Aufklärung sind aktuell in starke Bedrängnis geraten. Die neoliberale Wirtschaftspolitik und die Finanzkrise bedrohen nicht nur den sozialen Wohlstand der europäischen Völker, sondern sie sind, so die These des Essays, eine Gefahr für die Demokratie und führen darüber hinaus zu einer sozialen Erosion der Gemeinschaft. Darf die Politik das, was wirtschaftlich effizient ist und unter rein ökonomischen Gesichtspunkten erfolgreich ist, zum Maßstab des Handelns machen? Nein, denn wenn man dieser Logik folgen würde, begäbe man sich in äußerst gefährliches Fahrwasser: Man könnte damit zum Beispiel auch die Sklaverei rechtfertigen.

Es scheint heute vielerorts so zu sein, dass der Glaube an eine gottgewollte Ordnung durch den Glauben an die Selbstregulierung der Gesellschaft durch marktwirtschaftliche Kräfte ersetzt und, um es ketzerisch zu sagen, das ökonomische Prinzip und Effizienz zum Götzen erhoben worden ist. Dieser marktwirtschaftliche Glaube, den Vogel Oikodizee[1] nennt, ist durch die Finanzkrise 2008 nachhaltig ruiniert worden, genauso wie die Theodizee (Leibniz) – das Vertrauen in eine vernünftige, göttliche Weltordnung – durch das Erdbeben von 1755 in Lissabon zerstört worden ist. Jene Kata-

---

[1] Joseph Vogel, Bloß keine neue Geldreligion, in: Frankfurter Rundschau vom 28. 9. 2011.

strophe markierte den Anfang vom Ende eines Glaubens, dass Gott alles zum Besten gerichtet hat, und auch die ersten Auflösungserscheinungen einer Ordnung, die auf eben diesem Glauben basierte. Wie damals die Vernunft anfing, die Welt zu erobern, sich Urteilskraft und Wissen gegen Glauben und Dogmen aufbäumten, so beginnt seit 2008, das ist meine Hoffnung, eine Art Säkularisierung und Entmachtung des neoliberalen Dogmatismus in der Welt Fuß zu fassen.

Was ist der Mensch?
Von der Naturgebundenheit zur Selbstbestimmung des Menschen

Materie des Lebens

Die evolutionäre Entwicklung des Lebendigen aus präbiologischen Systemen bis zu dem hochkomplexen Lebenssystem Mensch basiert auf physikalisch-chemischen Gesetzmäßigkeiten und die Naturwissenschaft kann mit berechenbarer Wahrscheinlichkeit zeigen, dass in dem Zeitraum von 4,53 Milliarden Jahren, so alt ist die Erde[2], dieser evolutionäre Prozess von anorganischer Materie über einfache Lebenssysteme bis hin zu komplexen lebenden Organismen theoretisch und praktisch stattgefunden haben konnte. Leben ist also mit an Sicherheit grenzender Wahrscheinlichkeit innerhalb des geophysikalischen Systems der Erde beziehungsweise des Kosmos entstanden.

Leben bekommt aus evolutionärer Perspektive Sinn erst durch sein Gegenteil, den Tod. Die Vergänglichkeit und die zeitliche Bedingtheit des Lebendigen sind konstitutiv für die Evolution und die Herausbildung immer

---

[2] In sieben Milliarden Jahren wird die Erde, auf Grund des enormen Temperaturanstiegs der Sonne, dann wieder aus dem Universum verschwunden sein, so haben Wissenschaftler errechnet. Bis dann schließlich die Sonne selbst erlöscht und *ein* Stern unter circa 400 Milliarden von Sternen allein in unserer Galaxie, der Milchstraße, weniger existieren wird.

komplexerer lebendiger Systeme. Man braucht schon sehr viel Phantasie, sich vorzustellen, wie unser Planet aussehen würde, wenn das Prinzip der Endlichkeit des Lebens keine Gültigkeit hätte. Die einzelnen Organismen würden sich ins Unendliche vermehren. Die Räume und die Reproduktionsmöglichkeiten für bestehende und nachkommende Generationen würden im Laufe der Zeit vollständig blockiert werden, so dass, um zu überleben, den nachkommenden Organismen theoretisch nur die Möglichkeit bliebe, genetische Baupläne zu entwickeln, die dazu befähigen, andere lebende Organismen zu töten, was zu einem furchtbaren Gemetzel aller gegen alle führen würde. Oder aber die Organismen würden ab einem definierbarem Zeitpunkt aus 'Nahrungsmangel' alle sterben.

Der in allen lebenden Organismen genetisch verankerte Alterungsprozess, über den bisher nur unvollständige Kenntnisse vorhanden sind, und die mit der Alterung einhergehende Sterblichkeit ist Bedingung für die hohe Zahl und die hohe Vielfalt an Lebensformen und Fähigkeiten der Organismen. Die Sterblichkeit lebender Systeme als solche ist aber nicht notwendigerweise konstitutiv für Leben. Wir wissen nicht, ob es bei der ersten Herausbildung des Lebendigen nicht vielleicht Leben gegeben hatte, das unsterbliche Eigenschaften hatte. Was wir wissen, ist, dass, falls es solches Leben gegeben haben sollte, dieses Lebenssystem ausgestorben ist. Vorstellbar wäre zum Beispiel, dass die Reproduktionsfähigkeit des Organismus verkümmerte, weil ja wegen dessen Unsterblichkeit diese Fähigkeit keine Bedeutung mehr hatte. Dieser Organismus verlor dadurch die Fähigkeit, sich veränderten geophysikalischen Bedingungen schnell genug anpassen zu können. Eine Naturkatastrophe oder eine dramatische Veränderung der geophysikalischen Gegebenheiten könnten dann dieses eigentlich unsterbliche Lebenssystem unwiederbringlich zerstört haben.

Überlebt haben die Lebenssysteme, die sich eine schnelle Reproduktion und eine damit einhergehende flexiblere Anpassung an geophysikalischen Umweltveränderungen erhalten haben. Dies waren offenbar Lebenssysteme, für die die Sterblichkeit konstitutiv war, weil dadurch die Selektion der reproduktionsfähigsten Systeme gefördert wurde. Neben der organismuseigenen Fähigkeit zum Stoffwechsel, ohne den keine Energie zur Erweiterung, Umformung und Erneuerung des zellulären Organismus zur Verfügung stehen würde, ist ein reproduktionsfähiges System aus evolutionärer Perspektive aber nur dann sinnvoll, wenn die Art der Vermehrung Veränderungen des Erbmaterials und damit Umweltanpassungen zulässt. Den größten Selektionsvorteil hätten danach Lebenssysteme, die einerseits die Stabilität des sich selbst regulierenden Organismus garantieren und andererseits die größtmögliche Variabilität im Hinblick auf veränderte Umweltbedingungen ermöglichen.

Der geniale ›Trick‹, der sich in der Natur heraus selektiert hat, ist, dass keine Entitäten, keine vollständigen Körper oder Formen reproduziert werden (die nur geringe Flexibilität hätten), sondern die ›Idee‹, die Anweisung, der Plan von einer Entität. Dieser Plan, niedergelegt in einer Art genetischem Schriftstück, ist im Rahmen bestimmter Parameter flexibel, veränderungs- und entwicklungsfähig, ohne die Grundstruktur des reproduzierten Organismus zu zerstören. Was wir heute beobachten können – die millionenfache Artenvielfalt und hochkomplexen Ausdifferenzierungen einzelner Organismen –, ist die Erfolgsgeschichte dieser ›Erfindung‹ der Natur, auf die nachfolgend etwas genauer eingegangen wird.

Noch Hippokrates stellte sich die Reproduktion zum Beispiel einer Tanne so vor, dass in einem Samenkorn einer Tanne eine vollständig ausgebildete Miniatur-Tanne enthalten sei, dass also bei der Vererbung fertige Organismen weitergegeben würden, die sich im weiteren Leben des Organismus nur vergrößern würden. Heute sind wir schon etwas weiter in die biochemisch-physikalische Prozesse und Strukturen der Reproduktion und der Evolution der Arten eingedrungen und wissen, dass eben keine vollständigen Organismen und auch keine einzelnen Bausteine eines Organismus, sondern eine Art chemisch-physikalische ›Festplatte‹, auf der Informationen, die Idee eines Bauplans für einen spezifischen Organismus abgespeichert sind, die an die nächste Generation weitergegeben wird. Neueste Forschungen der Epigenetik lassen vermuten, dass auch die Gene selbst möglicherweise über ein ›Gedächtnis‹ verfügen, also Außenreize aus der Umwelt unmittelbar aufnehmen und Wissen ansammeln können. Das, was unsere Eltern und Großeltern erlebten, könnte ihre Nachkommen noch Jahrzehnte später unmittelbar beeinflussen, obwohl sie diese Dinge selbst nie erfahren haben[3].

Physikalisch-chemisch gesehen kann Leben als ein Vorgang definiert werden, bei dem energiereiche Verbindungen in energiearme umgewandelt werden, wobei die Energiedifferenz für Wärme und zum Aufbau neuer und vermehrungsfähiger Systeme komplexer Organisationen verwendet wird. Kennzeichnend für das Leben ist also nach dieser Definition Stoffwechsel und Vermehrung eines Organismus. Diese rein materialistische Betrachtungsweise von Leben wird der Wirklichkeit des Lebens nur sehr unzureichend gerecht. Ein lebender Organismus ist mehr als strukturierte Materie, er basiert vielmehr auf einem komplexen System von Bauplänen und dazugehörenden Bausteinen. In den Bauplänen ist

---

[3] Vgl. Peter Spork, Der zweite Code, Epigenetik – oder wie wir unser Erbgut steuern können, Hamburg 2009. Die Epigenetik beschäftigt sich mit der Wirkung von Genen auf das physische Erscheinungsbild eines Organismus. Wissenschaftler dieses Fachgebiets scheinen jenseits der DNS eine weitere ganz neue Grundlage der Vererbung entdeckt zu haben. Wie der Sender ‚Arte' in einer Dokumentation über das »Gedächtnis der Gene« (Februar 2007) berichtete, konnte nachgewiesen werden, dass die Gene ihrerseits der Kontrolle epigenetischer »Schalter« unterliegen, die von Umwelteinflüssen wie Nahrung und Stress ein- und ausgeschaltet werden. Aus dieser verblüffenden neuen Erkenntnis ergibt sich die Schlussfolgerung, dass die Wirkung von Umweltfaktoren vererbt werden kann.

die Idee, der Informationsgehalt dessen, was werden soll, archiviert. Die Bausteine (zum Beispiel Eiweißmoleküle) bilden das für die Synthese oder die Materialisierung der Idee notwendige Material und energetische System.

Man kann sich das etwa wie den Bauplan eines Architekten für ein Haus vorstellen. Dieser Plan enthält alle wesentlichen Informationen, um ein Haus an jedem Ort und zu jedem Zeitpunkt erbauen oder wieder erbauen zu können. Mit einem Bauplan einer Kirche aus dem Mittelalter zum Beispiel, der in einer Bibliothek archiviert war und dessen (Zeichen-)Sprache wir verstehen, könnte heute die Kirche exakt so wieder erbaut werden wie vor tausend Jahren. Sie könnte aber auch modifiziert werden, um zum Beispiel moderne Materialien und energiesparende Arbeitsmethoden nutzen zu können, bliebe aber im Wesentlichen und der äußeren Erscheinung nach der mittelalterlichen Kirche gleich.

Vererbt auf die nächste Generation wird also, wie bereits gesagt, zunächst eine Art Dokument, in dem die Idee eines Bauplans niedergelegt ist. In einem zweiten Schritt materialisiert sich diese Idee und tritt uns als sinnlich wahrnehmbares Phänomen gegenüber. Der Zusammenhang von Idee und materiellen Erscheinungen hat die Philosophie von Platon bis Kant beschäftigt. Dieser Aspekt wird etwas später nochmals aufgegriffen. An dieser Stelle soll lediglich auf die Analogie philosophischer und naturwissenschaftlicher Betrachtungsweisen hingewiesen sein[4].

Ich möchte hier den Aspekt von Idee und Materie am Ursprung organischen Lebens vorerst unter drei genuin naturwissenschaftlichen Gesichtspunkten weiter verfolgen, die für das Verständnis von Leben und damit auch des Menschseins im erdgeschichtlich evolutionären Prozess wichtig sind.

Erstens: Jede Idee oder jeder Bauplan bedarf einer Sprache, Begrifflichkeit und Regeln, die archivierbar, vermittelbar und verstehbar sein müssen, damit der in einer Idee enthaltene Zweck erfüllt werden kann. Daraus ergibt sich die Frage, wie das Archiv des Lebendigen aussieht, in dem die Idee von der Form und dem Inhalt des Ganzen und den Regularien seiner Entstehung abgespeichert ist?

Zweitens: Wenn solche Baupläne des Lebens lokalisiert und deren chemischen Eigenschaften analysiert werden können (was ja heute der Fall ist), lässt sich dann mit naturwissenschaftlich hinreichender Wahrscheinlichkeit sagen, dass solch ein Bauplan unter den chemisch-physikalischen Gegebenheiten und Eigenschaften präbiologischer Systeme überhaupt entstehen konnte (wenn dies bejaht werden kann, wäre es ein Argument mehr gegen den Schöpfungsdogmatismus der Kirchen). Da nur relativ genau datierbare Zeiträume

---

[4] Vgl. hierzu Gerhard Schramm, Baupläne des Lebens, München 1971.

sowie nicht beliebiges Material und Kräfte für diese Entwicklung zur Verfügung standen, ist es keinesfalls zulässig, für die Entstehung des Lebens beliebig wahrscheinliche Ereignisse vorauszusetzen.

Drittens: Ist dieser Nachweis erbracht, muss schließlich gezeigt werden, dass die evolutionäre Entwicklung lebender Organismen von einfachen bis zu hochkomplexeren menschlichen Organismen und Zellstrukturen, in dem fest vorgegebenen Zeitrahmen prinzipiell stattfinden konnte.

Der entscheidende Punkt der Lebensentstehung ist, dass geeignete Trägermoleküle vorhanden sind, in denen sich Informationen ansammeln können, durch die chemische Vorgänge in bestimmte Bahnen gelenkt und katalysiert werden. Damit eine Weiterentwicklung stattfinden kann, müssen zudem diese Informationen auf andere Moleküle übertragbar und durch äußere Einflüsse modifizierbar sein. Damit ist der Anfang der Evolution eingeleitet.[5] In dem Augenblick nämlich, in dem eine wechselseitiger Austausch einsetzt, findet ein Selektion in dem Sinne statt, dass aus einer größeren Zahl von Nukleinsäureketten diejenigen bevorzugt vermehrt werden, bei denen die Informationsübertragung am sichersten und schnellsten verläuft.

---

[5] Der Russe Alexander Oparin (The Origin of Life, New York 1938) prägte analog zu der biologischen den Begriff der chemischen Evolution schon 1936. Dahinter steht die Annahme, dass Leben gewissermaßen zwangsläufig in einem nachvollziehbaren chemischen Entwicklungsprozess seinen Ursprung nahm.

Belebte Materie besteht aus einer Zelle oder einem Verband von mehreren Zellen, die vermehrungs- und stoffwechselfähig sind. Das Entstehen einer bestimmten Zellstruktur, also eines speziellen Organismus, wird durch die in der DNS (Desoxyribonukleinsäure) gespeicherten Informationen, die chemische Reaktionen zur Entstehung bestimmter Molekülstrukturen initiieren (wie zum Beispiel der Proteine), gelenkt. Gewünschte Reaktionen werden unterstützt, unerwünschte unterdrückt. Die Nukleinsäure stellt also das Archiv dar, in dem die Baupläne des Lebens niedergelegt sind und die Entstehung materieller Formen und Strukturen gesteuert wird.

Die Anweisung über den Bau zum Beispiel der Proteine ist in der DNS in einer Art alphabetischer Schrift aufgezeichnet. Das Alphabet des genetischen Codes besteht aus vier Buchstaben[6], die in Dreiergruppen aneinander gereiht sind. Anstelle von Worten mit variabler Buchstabenzahl unserer Sprache, kennt der genetische Code also nur ›Wort‹-Gruppen mit je drei ›Buchstaben‹, sogenannte Tripletts, die jeweils den Anfang beziehungsweise das Ende einer Informationseinheit markieren. Je nachdem wie die Tripletts aneinander gereiht sind, ergeben sich unterschiedliche ›Sätze‹ mit einem

---

[6] Die 4 Buchstaben des genetischen Codes sind: A (= Adenin), T (= Thymin), G (= Guanin), C (= Cytosin)

ganz spezifischen Informationsgehalt, der den Aufbau des Organismus steuert. [7]

Wenn Nukleinsäuren[8] und Proteine entscheidend für Leben sind, stellt sich die Frage: waren zu Beginn der Erdgeschichte Substanzen auf der Erde, wie zum Beispiel nukleotid-ähnliche Substanzen, energiereiche Phosphate und Kohlenhydrate, die zur Bildung von Nukleotiden und Proteinen notwendig sind?

Es scheint heute sicher zu sein, dass derartige Substanzen auf der Erde vorhanden waren, und es konnte experimentell nachgewiesen werden, dass aus diesen einfachen Baustoffen die wichtigen Nukleinsäuren entstehen konnten.[9] Unter geophysikalisch möglichen Bedingungen konnten Nukleinsäureketten experimentell hergestellt werden. Auch ist es möglich, dass unter abiogenen Bedingungen eine Nukleinsäurematrize die Vereinigung von Mononukleotiden steuert, so dass eine

---

[7] Im Jahre 2000 wurde das menschliche Genom (= Gesamtheit aller Gene), das ca. drei Milliarden ›Wörter‹ (Informationseinheiten) enthält, entschlüsselt. Im Mai 2010 wurde in Craig Ventures Labor CYNTHIA, das erste synthetische Bakterium erzeugt (wissenschaftlicher Name: JCVI-syn1.0).

[8] Vgl. hierzu ebenfalls den Sammelband ›Baupläne des Lebens‹, München 1971, von Gerhard Schramm, der wie das Nobelpreisträger Adolf Butenandt in seinem Vorwort zu dem zitierten Sammelbands formuliert hat, mit seinen Versuchen die entscheidende Bedeutung der Nukleinsäure als Träger der Erbanlagen aufgezeigt hat.

[9] Vgl. hierzu Manfred Eigen, Stufen zum Leben, München 1987.

hierzu komplementäre Matrize entsteht, die ihrerseits im nächsten Schritt wieder die Polymerisation von Nukleotiden zu der ursprünglichen Matrize fördert. Vereinfacht ausgedrückt: die in einer Nukleinsäure enthaltenen Informationen waren fähig, sich selbst zu duplizieren. So wirken z.B. RNA-Moleküle (RNA = Ribonukleinsäure) gleichzeitig als Enzyme für ihre eigene Synthese, besitzen also Eigenschaften, um sich selbst herstellen zu können.

Neuere Theorien weisen auch auf kosmische Entstehungsmöglichkeiten von Aminosäuren hin. In neueren experimentellen Untersuchungen, bei denen der Kern eines Kometen nachgebaut und entsprechenden Weltraumbedingungen ausgesetzt wurde, konnte im Jahre 2002 ein Forscherteam vom Max-Planck-Institut für Aeronomie 16 Aminosäuren nachweisen.

Idee des Lebens

Leben ist seinem Wesenskern nach ein autonomes, selbsterhaltendes und -regulierendes, wandlungs- und erfahrungsfähiges System mit eigenem Stoffwechsel und Energiehaushalt zum Aufbau, der Erhaltung sowie der Fortpflanzung seiner Art.

Im Folgenden soll versucht werden, kurz zu erläutern, welche Bedeutung diese Definition für die Idee des Lebendigen hat.

›*Autonom*‹ bedeutet in diesem Zusammenhang, dass der lebende Organismus ein in sich geschlossenes System darstellt, das unabhängig von anderen Organismen existieren kann. Ein Virus würde in dieser Definition eine Zwitterstellung einnehmen, da es selbst keine Energie erzeugen kann, keinen eigenen Stoffwechsel hat und zur Fortpflanzung einer Wirtszelle bedarf. Stirbt die Wirtszelle oder befindet sich das Virus längere Zeit außerhalb der Wirtszelle, kann es nicht überleben. Allerdings kann es sich innerhalb der Wirtszelle fortpflanzen und seine Gene weitergeben, was sich in den verschiedenen Viruserkrankungen manifestiert.

Aufgabe eines jeden lebenden Organismus ist es, durch Sicherung der inneren Stabilität des organischen Systems sich selbst als *fortpflanzungsfähige Entität* zu erhalten. Wird der Bestand durch innere oder äußere Einflüsse gefährdet, muss das organische System fähig sein, darauf zu reagieren und geeignete Maßnahmen zu ergreifen, um die Stabilität wieder herzustellen.

Alle lebenden Organismen benötigen daher einen Regelkreis mit negativer Rückkoppelung (Homöostase). Das heißt, dass bei Überschreitung eines Toleranzrahmens in irgendeinem Bereich der organischen Entität, der die Existenz des Organismus oder die arterhaltende Leistung einzelner Systemmerkmale gefährden würde (Krankheit), ein ›selbstmindernder‹ Regler eingebaut ist, der das System wieder in die Ausgangssituation, in der das System stabil ist, zurückführt. Die Regelung durch so genannte Regelkreise oder Homöostasen[10] ist eine Struktureigenschaft aller höher integrierten organischen Systeme.

Da sich das Umfeld, in dem sich ein Organismus behaupten muss, dauerhaft ändern kann, oder die Stabilität der Entität in einem gegebenen Umfeld nicht in optimaler Weise die Arterhaltung garantiert, ist es für das Überleben des Organismus von höchster Wichtigkeit, dass der Organismus *wandlungsfähig* ist, um sich an Veränderungen der Umwelt anpassen zu können und damit die Stabilität und das Überleben des Organismus zu optimieren. Die Effizienz eines Organismus in Bezug auf Überleben und Optimierung der Systemfunktionen wird dramatisch erhöht, wenn er *lernfähig* ist, wenn also Erfahrungen von der einen Generation auf die andere weitergegeben werden können. Dazu bedarf es eines Speichermediums, in dem die Gesamtheit der Erfahrungen archiviert und sukzessive erweitert werden kann.

---

[10] Konrad Lorenz, Die acht Todsünden der zivilisierten Menschheit, München 1973, S. 16. Die Homöostase ist nach Meinung von K. Lorenz »für die Erhaltung des Lebens so unentbehrlich, dass man sich seine Entstehung kaum ohne die gleichzeitige ›Erfindung‹ des Regelkreises vorstellen kann … Die negative Rückkoppelung des Regelkreises macht es unnötig, dass die Wirkung jedes einzelnen der an ihm beteiligten Untersysteme genau auf ein bestimmtes Maß festgelegt ist. Eine geringe Über- oder Unterfunktion wird leicht wieder ausgeglichen. Zur gefährlichen Störung der Systemganzheit kommt es nur dann, wenn eine Teilfunktion bis zu einem Maß gesteigert oder vermindert ist, die die Homöostase nicht mehr auszugleichen vermag, oder aber, wenn am Regelkreis selbst etwas nicht in Ordnung ist.« (Ebda S. 17)

Dieses Speichermedium ist die Nukleinsäurekette, in der, wie auf einer Festplatte oder einem Speicherchip, alle Erfahrungen der organischen Welt in einem Schriftstück mit eigenem Alphabet, Satzbau und Grammatik gespeichert sind.

Erfahrungen oder neues ›Wissen‹ kann die autonome organische Entität auf zweierlei Arten sammeln. Nämlich zum einen ›aktiv‹ über die Fortpflanzungsart, bei der zwei Informationsträger (Nukleinsäureketten) verschmelzen und eine neue Entität der gleichen Art bilden, aber mit dem erweiterten ›Wissenspool‹ von vormals zwei getrennten autonomen (aber artgleichen) Entitäten. Zum anderen ›passiv‹ über zufällige Änderungen (Mutationen) des gespeicherten Schriftstücks (Genom). Führt diese Änderung dazu, dass dieser veränderte Organismus lebensfähig ist, beziehungsweise verbesserte Leistungsmerkmale besitzt (zum Beispiel im Bezugsfeld einer anderen Umwelt), wird diese Änderung erhalten und abgespeichert und führt zu einer neuen Art von organischer Entität. Der ›Wissenspool‹ der organischen Systeme wird erweitert und führt in der Erdgeschichte zu dieser enormen Ausdifferenzierung der Welt des Lebendigen, wie wir sie heute beobachten können.

Diese lang- und mittelfristige Informationsverarbeitung und -speicherung wäre allerdings zu schwerfällig und würde optimale Lebenschancen eines Organismus mindern, wenn es darum geht, auf kurzfristige Umweltschwankungen angemessen reagieren zu können, oder aber notwendige Interaktionen mit anderen Organismen unmittelbar zu steuern. Um auf Umweltschwankungen und neue Leistungsanforderungen kurzfristig reagieren zu können, bedarf es flexiblerer, lernfähiger kognitiver Fähigkeiten, über die sich der Organismus Informationen einverleibt. Um bei dem Bild der Computersprache zu bleiben, er benötigt eine Art Arbeitsspeicher, der interaktiv die unmittelbar notwendigen Reaktionen mit der Umwelt und die Ausführung mittelbarer Aktivitäten des Organismus regelt. Diese Art der Steuerung ist im Nervensystem angesiedelt und hat sich immer weiter ausdifferenziert bis zur Entwicklung des hochkomplexen menschlichen Gehirns mit 1 Billion Nervenzellen und 1000 Billionen Synapsen und 10 hoch 16 Rechenoperationen pro Sekunde.[11]

Die früher beschriebene Ausdifferenzierung des Informationspools von einigen Tausend (bei Viren) bis zu etwa drei Milliarden Informationseinheiten in den Nukleinsäuren des Menschen und die Entwicklung des Nervensystems zu einem hochkomplexen lernfähigen System (Gehirn) führte zu einem Organismus (Mensch), der

---

[11] Vgl. hierzu Florian Holsboer, Biologie für die Seele, München 2011, S. 53f. sowie auch die Ausführungen zum Begriff der Noosphäre (Sphäre des Denkens) und der Rolle des Gehirns für die Entwicklung des Menschen von Pierre Teilhard de Chardin: Die Entstehung des Menschen, München 1961. Nach Chardin baut sich die Welt auf drei Unendlichkeiten auf: Das Unendlich-Kleine (Mikrokosmos), das Unendlich-Große (Makrokosmos) und das Unendlich-Komplizierte (Kosmos des Lebendigen, wobei der Mensch dank seiner Gehirnleistungen bisher den höchsten Komplexitätsgrad erreicht hat).

sich nicht mehr bedingungslos an die Umwelt anpassen musste. Er war vielmehr fähig, die Verhältnisse umzudrehen und die Umwelt (in Grenzen) an den Organismus anzupassen. Das schwächte in Konsequenz den Selektionsdruck und hemmte potenziell die Entwicklung des mittel- bis langfristigen biologischen Informationspool in der DNS. Im Gegenzug dazu hat die kurzfristige geistige Speicherkapazität und Informationsverarbeitung der Hominiden allerdings einen enormen Entwicklungsschub erfahren.

Der Mensch: Wir-Bewusstsein und kulturelle Intelligenz

Durch Mutationen und fortdauernde Anreicherung der genetischen Codes im Prozess der Fortpflanzung und Evolution nimmt der Informationsgehalt des genetischen Materials über einfache Zellverbände bis zu den Säugetieren ständig zu. Enthalten zum Beispiel Viren nur einige tausend Zeichen, so enthält ein Bakterium schon einige hunderttausend und das menschliche Genom ungefähr drei Milliarden Informationseinheiten (Basen). Die Baupläne des Lebens sind im Lauf der Evolution also immer komplexer geworden. Der immaterielle oder ›geistige‹ Gehalt ist in den Milliarden von Jahren des Evolutionsprozesses enorm angestiegen und hat immer höher stehende Organismen herausgebildet, von Einzellern bis zu den hundert Billionen Zellen umfassenden Organismus Mensch, der zum Beispiel durch ein über tausend Kilometer langes Adernetz mit Nährstoffen versorgt wird.

Nach Berechnungen der NASA aus dem Jahr 2003 hat das Universum ein Alter von 13,7 Milliarden Jahren. Das Alter der Erde wird auf 4,53 Milliarden Jahre geschätzt. Die Ursprünge des Lebens werden auf ca. 3,8 Milliarden Jahren datiert (Urzelle). Vor ca. 3,5 Milliarden Jahren entstanden erste Zellen, allerdings noch ohne echten Zellkern, und vor ungefähr einer Milliarde Jahren entwickelten sich sogenannte enkaryontische Zellen (mit Zellkernen), aus denen alle heutigen höheren Lebensformen bestehen.

Bis zur Entstehung menschlicher Urformen vergingen dann nochmals rund 595 Millionen Jahre. Erst vor circa sieben Millionen Jahren trennten sich die Entwicklungslinien von Schimpansen und Vormenschen und führten zur Entwicklung der Gattung Homo. Im Jahre 2002 wurde in Westafrika ein Primatenschädel gefunden, der auf ein Alter von 6 Millionen Jahren geschätzt wird.[12] Weitere Funde in Afrika waren: der Homo rudolfensis, der auf etwa zweieinhalb bis drei Millionen Jahren datiert wurde und ›Lucy‹ (Australopithecus afarensis, etwa 3,2 Millionen Jahre alt), der noch Affe war, aber schon mit aufrechtem Gang. Er war nur etwa 90 cm groß und hatte ein Gehirnvolumen von etwa 400 ccm. In der Malapa-Höhle, 40 Kilometer nördlich von

---

[12] In: Frankfurter Rundschau vom 31.12. 2002

Johannisburg, wurde 2008 der Homo australopithecus sediba (sediba=Quelle) entdeckt, der 1,30 Meter groß war und 3000 Jahre in der Spanne von 1,977-1,980 Millionen Jahren gelebt haben soll. Der Homo australopithecus sediba gilt als direkter Vorfahre des Homo habilis, der vor etwa 1,9 -1,8 Millionen Jahren gelebt hatte. Er bildete eine Seitenline, die ausgestorben ist.

Der Urmensch (Homo erectus), der als direkter Vorfahre des Menschen gilt, hat etwa vor 1,8 - 1,5 Million Jahren in Afrika und Asien gelebt. Der Homo erectus entwickelte sich zum Homo heidelbergensis, aus dem sich in der einen Seitenlinie der Neandertaler entwickelt hatte, in der anderen Seitenlinie der moderne Homo sapiens. War bis dahin das Gehirnvolumen über 3 Millionen Jahre gleich groß (etwa 400 ccm), so verdoppelte sich mit dem Auftauchen des Homo erectus das Gehirnvolumen sprunghaft auf 800-900 ccm[13]. Vor 600.000 bis 200.000 Jahren gab es mit dem Homo heidelbergensis dann einen zweiten Sprung in der Entwicklung des Hirnvolumens von 900 auf etwa 1300 ccm, wobei die Entwicklung des Hirnvolumen zu 96% genetisch bedingt ist und nicht durch Ernährungsumstellungen des

---

[13] Neuester Fund in Kenia: Turkana-Junge (ca. 1,9 Mio Jahre) mit einer Hirnmasse von 900 ccm. Er war 161 cm groß (Erwachsene werden auf ca. 180 cm geschätzt) und 8 Jahre alt und hatte bereits mit 7 Jahren die Geschlechtsreife. Bei der langen Kindheit heute, ist dagegen eine Ausbildung des Gehirns über einen langen Zeitraum möglich.

Menschen oder Massenwachstums des Körpers, wie das früher einmal angenommen worden war.[14]

Vor spätestens 800.000 Jahren waren Frühmenschen auch in Südeuropa und seit circa 600.000 Jahren auch in Mitteleuropa (Homo heidelbergensis) beheimatet. Vor rund 200.000-100.000 Jahren entwickelten sich aus dem Homo heidelbergensis mit dem Homo sapiens unsere unmittelbaren Vorfahren.

Vor etwa 200.000 Jahren also lebten unsere unmittelbaren Vorfahren über ganz Afrika verteilt als Jäger und Sammler und haben teilweise schon damals Afrika verlassen. Zu dieser ersten Auswanderungswelle gehörte unter anderem der Neandertaler. Man nimmt an, dass frühere Menschenformen, die bereits vor dieser Zeit Afrika verlassen hatten und fossil in verschiedenen Teilen der Welt nachgewiesen wurden, wieder ausstarben, ohne ihre Erbanlagen bis in die heutige Zeit weitergegeben zu haben[15]

Vor 125.000 Jahren wurden die ersten Menschen sesshaft und betrieben Ackerbau (neolithische Revolution). Eine sehr kleine Gruppe von etwa 10.000 Menschen, die, so wird vermutet, eine Naturkatastrophe überlebt hatte, verließ während einer zweiten Auswanderungswelle vor etwa 70.000 Jahren Afrika und breitete sich in erdgeschichtlich sehr kurzer Zeit über die gan-

---

[14] Prof. Dr. Helmuth Steinmetz, Paläoneurologie: Hirnwachstum, Sprache und menschliche Evolution. Vortrag vom 15.3. 2010.

[15] Nur ca. 1-4% des genetischen Materials des modernen Menschen stammt vom Neandertaler, also fand nur eine geringe Vermischung zwischen Neandertaler und Homo sapiens statt.

ze Erde aus.[16] 3000 Jahre nachdem die ersten Menschen Afrika verlassen hatten, erreichte Teile dieser Gruppe Asien. Südostasien wurde vor 63.000 Jahren und Australien vor 40.000 Jahren besiedelt. Vor 45.000 Jahren kamen Teile der Gruppe nach Süd-Europa und 1000 Jahre später erreichten die ersten Menschen der Gattung Homo sapiens bereits England. Die ursprünglich Afrikanischen Auswanderer zogen vor 20.000 Jahren über die Beringstraße nach Nordamerika und erreichten vor etwa 13.000 Jahren Südamerika.

Kein anderes höheres Lebewesen hat sich in dieser Weise über die gesamte Erde, von den Wüsten Afrikas bis zu den unwirtlichen Gegenden der Antarktis, ausgebreitet. Der Homo sapiens konnte in den extrem unterschiedlichen klimatischen und natürlichen Bedingungen nur überleben, in dem er sich entspezialisiert und gleichzeitig enorme geistige Fähigkeiten entwickelt hatte, die die physischen Mängel kompensieren konnten.[17]

---

[16] Diese genetisch einheitliche Gruppe (die Gene dieser Menschen sind zu 99,9% gleich), präsentiert den modernen Menschen (Homo sapiens) und weist eine sehr hohe genetische Diversität auf. Mit der Entfernung von Afrika nimmt diese Diversität kontinuierlich ab, was von Wissenschaftlern als Beweis dafür angeführt wird, dass alle heute lebenden Menschen von dieser Gruppe aus Afrika abstammen.

[17] Dauerhaft sesshaft wurden die Menschen vor 12.000-10.000 Jahren an Euphrat und Tigris. Vor etwa 5000 Jahren entwickelten sich erste protostaatliche und staatliche Organisationsweisen in Mesopotamien. Um 4500 in Ägypten und Indien, um 3000 in China und etwa vor 2000 Jahren in Peru (Inka) und Mexiko (Azteken). Interessant ist, dass diese staatlichen Organisationen unabhängig voneinander entstanden sind.

Worin unterscheidet sich nun der moderne Mensch im Wesentlichen von seinen nächsten tierischen Verwandten, den Schimpansen?

Seitdem der erste Affe vor Millionen von Jahren den Abstieg vom Baum wagte, sind in der DNA allgemein keine evidenten Veränderungen feststellbar. Nur gut ein Prozent der Gene trennen uns von den Schimpansen. 98,7% der Gene, so haben Wissenschaftler vom Max-Planck-Institut für evolutionäre Anthropologie herausgefunden, haben wir mit unseren nächsten Verwandten den Affen gemeinsam.

Allerdings gibt es einen Bereich, wo sich Schimpansen und Menschen deutlich auseinander entwickelt haben. Diese Unterschiede sind im Gehirn[18] zu finden. Das menschliche Gehirn hat sich in den letzten Jahrmillionen sehr viel schneller verändert als das der Schimpansen. Was der Mensch ist, hat er in erster Linie der Komplexität seines Gehirns zu verdanken, er ist also wesentlich Gehirn- oder Geistmensch (was schon Aristoteles angemerkt hat). Vergleicht man die Genaktivität und die Leistungen der Gene zum Beispiel beim Aufbau von Proteinen im Gehirn, gleichen Schimpansen ande-

---

[18] Das menschliche Gehirn ist bei Geburt mit der riesigen Zahl von einer Billion Nervenzellen und etwa 1000 Billionen Nervenverbindungen ausgestattet, die sich dann, abhängig von den Erfahrungen eines Menschen, im Laufe der weiteren Entwicklung vernetzen. Die Nervenverbindungen, die in der weiteren Entwicklung des jeweiligen Individuums nicht in Anspruch genommen werden, bilden sich wieder zurück und verkümmern. In der Zeitspanne zwischen dem Baby- und dem Erwachsenenalter verliert der Mensch pro Tag in etwa 20 Milliarden Nervenverbindungen.

ren Affen mehr als dem Menschen. Vergleicht man jedoch die Körperzellengene, so ist der Schimpanse uns Menschen ähnlicher als anderen Affenarten.

Mit der Entwicklung des Gehirns eng verbunden ist die Entwicklung eines Kern-Selbst, das ein wesentliches Merkmal des Menschlichen darstellt. Dies wiederum ist eng mit der Herausbildung eines reflexiven Bewusstseins verknüpft. Nach Einschätzung von Damasio hat diese Entwicklung erst vor etwa hunderttausend Jahren, also entwicklungsgeschichtlich gesehen erst vor sehr kurzer Zeit, eingesetzt. Den biologischen Wert eines solchen bewussten Geistes sieht Damasio in der erfolgreichen Lebenssteuerung durch Aufbau sozialer und kultureller Umwelten, in der Stärkung des wissenden Selbst durch Planung und gezieltes Handeln, in der Reflexion, in der Stärkung der Entscheidungsfähigkeit und Verantwortung sowie der soziokulturellen Homöostase.[19]

---

[19] Antonio Damasio, Selbst ist der Mensch, München 2011, S. 193ff. Kartierungen des Bewusstseins und des Geistes sind nicht losgelöst von den körperlichen Empfindungen, sie spiegeln immer die eigene Perspektive und sind mit eigenen Emotionen und Gefühlen und dem eigenen (emotionalem, biographischem und kognitivem) Gedächtnis verknüpft. Damasio unterscheidet entwicklungsgeschichtlich drei Stadien bei der Entwicklung des Selbst: Das **Proto-Selbst** (Organisation der Innen- und Außenwelt), das **Kern-Selbst** (Komplexe Emotionen, soziale Intelligenz) und das **Autobiografische Selbst** (Erweiterung des mentalen Verarbeitungsraumes, Arbeitsgedächtnis, Vernunft, Bewusstsein).

Der Ursprung und Schlüssel dieser *kulturellen* Evolution des Menschen liegt nach Michael Tomasello, Direktor des Max-Planck-Instituts für evolutionäre Anthropologie, in dem »sozialen Ur-Talent« des Menschen begründet: *»Die spezielle Weise, wie Menschen lehren, lernen, zusammenarbeiten und einander helfen, unterscheidet uns ›ultra-soziale‹ Wesen von allen andern sozialen Tieren, auch von den Menschenaffen.«*[20] Wir arbeiten also von Natur aus gerne mit anderen zusammen, und auch anderen zu helfen, Hilfsbereitschaft zu zeigen, liegt in unserer Natur. Basis eines solchen ultra-sozialen Verhaltens ist nach dieser Theorie Vertrauen und Wir-Bewusstsein, das an der Wiege des modernen Menschen stand, und das den Homo sapiens zur kulturellen Intelligenz, zu einer einzigartigen Weitergabe von Erlerntem und kumulativer Kultur befähigte. Eine wichtige Fähigkeit, die in der menschlichen Natur begründet ist, ist die Hervorbringung von Kultur und Enkulturation. Der Mensch ist im Kern also Kultur- und Sozialwesen. *»Zivilisation kann nur dann bestehen, wenn Menschen einander um ihrer selbst willen achten und wertschätzen.«*[21] Der im Menschen angelegte *»soziale Konformismus stabilisiert die Lebensweisen und bildet die Basis für Neues auf dem Fundament des Tradierten, Er-*

---

[20] Franz Mechsner, Was ist der Mensch?, in: GEO, Januar 2012, S. 135

[21] John Hacker-Wright, in: Franz Mechsner, Was ist der Mensch?, in: GEO, Januar 2012, S. 148

probten«.[22] Der Konformitätsdruck verbindet einerseits die Gruppenmitglieder untereinander, andererseits birgt er auch Gefahren durch Ausgrenzung und Diskriminierung.

Nach Merlin Donald, Professor für Psychologie im kanadischen Kingston, beginnt diese Entwicklung mit der ›mimetischen Kultur‹ vor etwa 1,5 bis 2 Millionen Jahren mit dem Homo erectus. Die archaischen Menschen verständigten sich nach Donald noch weitgehend sprachlos über körperlichen Ausdruck, Gesten Mienenspiel, Laute und Lautmodulationen.[23] Die Sprache entstand Donald zufolge in der anschließenden ›mythischen‹ Kulturstufe des frühen Homo sapiens vor 100.000 Jahren.[24] Ian Tattersall vom ›American Museum of Natural History‹ in New York bezeichnet diese Entwicklungsstufe, die er ebenfalls vor etwa 100.000 Jahren ansetzt, als ›symbolische Kultur‹. Nach Tattersall ist das *»jene Lebensform, in der Menschen mithilfe von Symbolen, etwa den Worten der Sprache und den Zeichen der Kunst, einen geistig vermittelten Bezug zur Welt aufbauen ... Wer diese Symbole zuerst beherrscht hätte, hätte einen großen Überlebensvorteil gewonnen und die anderen Menschentypen rasch verdrängt. Ge-*

---

[22] Franz Mechsner, Was ist der Mensch?, in: GEO, Januar 2012, S. 143

[23] Franz Mechsner, Was ist der Mensch?, in: GEO, Januar 2012, S. 144

[24] Vgl. Franz Mechsner, Was ist der Mensch?, in: GEO, Januar 2012, S. 146. Der mythischen Stufe folgte die heutige ›theoretische Kultur‹, die durch die Schrift geprägt ist.

nau dies ist im Gefolge der ›kulturellen Explosion‹ des Homo sapiens geschehen.«[25]

In dieser Zeit vor etwa 100.000 Jahren fanden nach dem Paläoneurologen Helmuth Steinmetz auch wichtige Veränderungen im Vokaltrakt des Homo sapiens statt (supralaryngealer Vokaltrakt: Entwicklung vom Einröhren-zum Zweiröhren-Trakt im Mund-Rachenraum, mit der differenzierte sprachliche Mittelungen möglich werden), die entscheidend zur Sprachentstehung und -entwicklung beigetragen haben.[26] Der Sprachforscher Günther Grewendorf stellte die Hypothese auf, dass sich ebenfalls vor etwa 100.000 Jahren eine universale Grammatik, die eine Voraussetzung für die weitere Sprachentwicklung und Sprachfähigkeit (konzeptionelle Sprache, Begriffe bilden, Denken in Raum und Zeit) ist, entwickelt hat.[27] Unser Erkenntnisapparat, oder das was Kant das ›Machen-können-von-Erfahrung‹ genannt hat,

---

[25] Zitiert nach dem Artikel von Franz Mechsner, Was ist der Mensch?, in: GEO, Januar 2012, S. 131f.

[26] Helmuth Steinmetz, Paläoneurologie: Hirnwachstum, Sprache und menschliche Evolution. Vortrag vom 15.3. 2010.

[27] Durch molekulare Veränderungen im Gehirn, so eine These von Prof. Dr. Günther Grewendorf, wurde eine universale Grammatik, die Rekursion möglich (Rekursivität = die Möglichkeit aus endlicher Zahl von Wörtern unendlich viele Sätze bilden zu können). Alle bis heute untersuchten Sprachen dieser Welt bauen auf dieser in den Genen festgelegten universalen Grammatik auf, so dass sie sich mindesten vor der zweiten Auswanderungswelle des Homo sapiens herausgebildet haben muss.

ist also mit großer Wahrscheinlichkeit erst sehr jungen Datums.

Dass wir Menschen heute in Flugzeugen fliegen, in Wolkenkratzern wohnen und mit dem Auto unsere Umwelt erkunden können, ist also einerseits der besonderen Entwicklung unseres überaus komplexen neuronalen Systems und der Fähigkeit, Gedächtnisinhalte für planmäßiges Denken und Tun jederzeit aktivieren zu können, zu verdanken, und andererseits unserem genetisch verankerten Wir-Bewusstsein.

Hierin liegt der wesentliche Unterschied zu unseren nächsten Verwandten. Dabei sollte man aber unsere Nähe zu den Menschenaffen nicht beiseite wischen. Wirft man einen Blick auf die physiologischen Körperprozesse zur Aufrechterhaltung der Lebensfunktionen sind die Unterschiede zwischen Mensch und Schimpanse nur in einem winzigen Prozentsatz unterschiedlicher Erbsubstanz begründet. Wir haben also durchaus noch sehr viele gemeinsame Prägungen mit unseren tierischen Vorfahren und Verwandten. Insbesondere sind unsere instinktiven Verhaltensweisen, die vorwiegend der Lebens- und Arterhaltung dienen, wie zum Beispiel bei der Fortpflanzung, Ernährung, Brutfürsorge und bei Schutz- und Verteidigungsreaktionen, unmittelbar durch diese archaischen Prägungen aus der Evolutionsgeschichte lebender Organismen bestimmt.

Mit der kulturellen und neurophysiologischen Evolution bis zum Homo sapiens war eine entscheidende Wende in der Entwicklung des Organismus verbunden.

Der lebende Organismus war in der Lage, sich selbst zu reflektieren. Er konnte den Bauplan seiner selbst sichtbar und seiner Erfahrung und seinem Erkenntnisapparat zugänglich machen. Er konnte die Idee dieses Bauplans, die seine Existenz begründet, reflektieren und beginnen, über sein Leben nachzudenken. Der Mensch, mit all seinen spezifischen physiologischen Besonderheiten wie dem Skelettbau, der differenzierten Sprachentwicklung und der »theoretischen Kultur«, ist am vorläufigen Ende der evolutionären Entwicklung des Lebendigen befähigt worden, ein Bewusstsein vom Ich[28] herauszubilden. Ein Ich, das den Raum, die Klammer aller Erkenntnisse bildet. Das Bewusstsein, lokalisiert in Milliarden von Hirnzellen und ihren Verknüpfungen, synthetisiert die gedanklich präsente Erfahrung zu einer aufeinander bezogenen Einheit (Entität). Grundlage dieses Ichbewusstseins ist also das gespeicherte Wissen über die Summe der subjektiven Erfahrungen, die in unserem Gehirn gespeichert sind und bei Bedarf abgerufen werden können.

Die Erfahrbarkeit der Welt ist durch die Ausstattung des Organismus mit Sinneszellen begrenzt. Nur das, was mit den Sinnen erfahrbar und im Gehirn abgespeichert und erinnert werden kann, bildet die Erfahrungsebene des Ich, ist subjektiv wirklich. In diesem Prozess der Verarbeitung von Sinneseindrücken entsteht die Vorstellung von Welt - und vom Ich inklusive. Um mit

---

[28] Die Herausbildung eines Ich-Bewusstseins (und damit auch des Du) in der individuellen Entwicklungsgeschichte geschieht etwa 18 Monate nach der Geburt.

Kant[29] zu sprechen: Der Mensch bildet die Welt entsprechend der Struktur seines Denkvermögens und Erkenntnisapparats (Vernunft), gibt den ungeordneten Erscheinungen eine Ordnung und ›erfindet‹ Gesetzmäßigkeiten, die sich aus der Urteilskraft seines Verstandes herleiten.

Dadurch, dass sich der Mensch mit seinen kognitiven Möglichkeiten und seiner Fähigkeit zu Bewusstseins- und Ideenbildung von den unflexiblen, genetisch codierten und langsamen biologisch-evolutionären Prozessen des ›Machen-Könnens-von-Erfahrung‹ tendenziell entkoppeln konnte, hat er sich in stammesgeschichtlich sehr kurzer Zeit Spielräume geschaffen, die zu der enormen Ausdifferenzierung und Komplexität menschlicher Fähigkeiten geführt haben, die unter dem Begriff der kulturellen Evolution[30] zusammengefasst werden.

Am Anfang stand der ›Logos‹ heißt es in der griechischen Bibelfassung. Logos bedeutet im Griechischen Geist, Sprache, Vernunft. Am Anfang war das ›Wort‹ heißt es in der deutschen Bibel-Übersetzung. Eine bibli-

---

[29] Immanuel Kant, Kritik der reinen Vernunft. Hauptwerke der großen Denker, Paderborn (Voltmedia GmbH, ungekürzte Ausgabe nach der zweiten, hin und wieder verbesserten Auflage 1787).

[30] Die modernen Forschungsrichtungen, die die Koevolution von biologischen Systemen und Umwelt untersuchen, gehen von einer dauernden wechselseitigen Beeinflussung aus, die das Wesen einer einheitlichen Gesamtevolution ausmachen. Heute richtet sich die Aufmerksamkeit bei der Erforschung der Koevolution im besonderen Maße auf die Wechselwirkung von Mensch, Natur und Kultur(-technik).

sche Erkenntnis, die sich auf der Grundlage der heutigen naturwissenschaftlichen Erkenntnisse als durchaus prophetisch erwiesen hat. Am Anfang des *Lebens* stand in der Tat das Wort oder vielmehr, wie bereits erwähnt, vier Buchstaben A – T – G – C, aus denen sich ein voluminöser Schriftsatz und äußerst komplexer Wissensschatz entwickelt hat. Am Anfang des *Menschen* stand auch das *Wir*, das soziale Wesen, in dem sich der Geist entwickelte. Geist als immaterielle Natur, die die treibende Kraft des Lebendigen ist: Ein lernendes System, welches Wissen über die Umwelt sammelt und die Idee einer autonomen, sich selbst steuernden Entität gespeichert hat und an die nächsten Generationen weiterzugeben in der Lage ist.[31]

Stellt man die Frage nach der Idee des Lebens, so lässt sich zusammenfassen: Die Idee des Lebendigen liegt in der optimalen Steuerung eines sich selbsterhaltenden und -regulierenden, eines erfahrungsfähigen, autonomen und fortpflanzungsfähigen Systems begründet.

Um den ›Willen‹ zur Realisierung dieser Lebensidee in dem einzelnen Organismus zu stärken, wäre es hilfreich, wenn die Natur in die Lebenssysteme einen Mechanismus eingebaut hätte, der die Wiederherstellung der Stabilität eines instabilen (kranken) Organismus und damit die Lebenschancen dieser Entität ›belohnen‹ würde. Und tatsächlich ist dies, zumindest bei den höheren

---

[31] Den Gedanken des Bleibenden und Überdauernden, das bei der Entstehung des Lebendigen eine entscheidende Rolle spielt, finden wir bei Platon in dem Begriff Idee wieder.

Lebewesen[32], der Fall. Der Organismus »*versucht durch sein Handeln eine möglichst vorteilhafte Situation für seine Selbsterhaltung und sein Funktionieren zu schaffen.*«[33] Das homöostatische Ungleichgewicht empfinden wir als Unlustgefühl, »*gelungene Homöostase löst ein Gefühl der Zufriedenheit, ein Wohlgefühl oder gar Glücksgefühle aus.*«[34] Aus den Ergebnissen seiner neurobiologischen Forschungen ist der oben zitierte amerikanische Neurobiologe Damasio zu der Überzeugung gelangt, dass »*der fortwährende Versuch, einen Zustand positiv gesteuerten Lebens zu erreichen, ein tief verwurzelter und höchst charakteristischer Teil unserer Existenz ist.*«[35]

Der Wille zum Leben ist dem Menschen mit dem ersten Atemzug gegeben und in seinen Genen abgespeichert. In Folge dieses Willens hat der Mensch Kulturtechniken entwickelt und sich ein materielles und geistiges kulturelles Umfeld geschaffen, das ihn unabhängiger von dem Naturgeschehen machte, dessen Teil er ist. Diese vom menschlichen Geist geschaffene Kultur bildet das Gerüst für die kulturelle Evolution des Men-

---

[32] Mit großer Wahrscheinlichkeit ist dieser ›Belohnungsmechanismus‹ aber auch bei anderen organischen Systemen genetisch verankert.

[33] Antonio R. Damasio, Der Spinoza-Effekt. Wie Gefühle unser Leben bestimmen, München 2003, S. 46.

[34] Henning Schramm, Recht auf Ineffizienz. Orientierung und Lebenssinn im Kapitalismus, Münster 2005, S. 103.

[35] Antonio R. Damasio, Der Spinoza-Effekt. Wie Gefühle unser Leben bestimmen, München 2003, S. 47.

schengeschlechts als geistige Weiterführung der biologischen Evolution. Sie vollzieht sich jedoch nicht losgelöst vom biologischen Sein, sondern bleibt immer gebunden an die biologische, naturhafte Existenz des Menschen und seinen Bedürfnissen nach Überleben, nach Vermeidung von Ungleichgewichten und Instabilität, oder positiv ausgedrückt, seinem Streben nach Homöostase[36] und dem im Erfolgsfall damit verbundenen genetisch gesteuerten Belohnungssystem.

Fragt man auf dieser Grundlage nach dem Sinn des menschlichen Lebens, so ergibt sich aus naturwissenschaftlicher Perspektive als Antwort: Der Mensch lebt, weil die Natur ihn mit Lebenswillen ausgestattet hat, der in der Erhaltung des harmonischen Gleichgewichts des Organismus begründet und bei Erfolg mit Wohlgefühlen verbunden ist. Lust- und Glücksgefühle sind integrative und sinnvolle Urstoffe des Lebendigen. Sinnvolle Lebensführung darf also nicht auf asketische Aspekte zur Aufrechterhaltung und Reproduktion des Lebens reduziert werden, sondern impliziert ebenso auch das Streben nach und das Erleben von Glück und ›gutem Leben‹, wie das Platon und Aristoteles schon ohne Kennt-

---

[36] Damasio hat dafür den Ausdruck »Soziokulturelle Homöostase« geprägt. Antonio Damasio, Selbst ist der Mensch, München 2011, S. 307. »*Faszinierenderweise deutet immer mehr darauf hin, dass kulturelle Entwicklungen zu tiefgreifenden Wandlungen im Genom des Menschen führen können.*« Damasio, ebda S. 308. Er nennt als Beispiel die Laktosetoleranz seit der Einführung der Milchwirtschaft in Europa.

nisse der modernen Neuro- und Biowissenschaften haben anklingen lassen.

Die relative Freiheit von der Naturgebundenheit durch den Prozess der Enkulturation und der eigenverantwortlichen, selbstbestimmten Gestaltung seiner Lebenswelt, wie auch der Wille zum Leben, das Streben nach Wissen und gutem Leben markieren allerdings nur einen Teil der menschlichen Existenz. Der andere Teil ist geprägt von seiner Emotionalität, seinen Leidenschaften, seiner ungeplanten Spontaneität. Der Philosoph Bertrand Russell spricht von drei einfachen, doch übermächtigen Leidenschaften, die sein Leben bestimmt haben: *»Das Verlangen nach Liebe, der Drang nach Erkenntnis und das Mitgefühl für die Menschen«.*[37] Diese Leidenschaften spiegeln die Idee des Lebens wider und leiten sich aus drei allgemeinen, fundamentalen Existenzbedingungen des Menschen ab.

Der Bedeutungsgehalt von *Liebe* ist im genetischen Sprachcode mit Fortpflanzung verknüpft, ein arterhaltendes Merkmal des Organismus, das die Überlebenschancen der Art stützt. Liebe oder Zuneigung steuert die Partnerwahl und erhöht die Chancen der Paarung und damit der Tradierung und der Ausdifferenzierung des genetischen Wissenspools. Belohnt wird der phylogenetisch lebensnotwendige Paarungsakt durch Glücks- und Lustgefühle, die wiederum Antrieb für weitere Anstrengungen in dieser Richtung sind. Forschungen zeigen,

---

[37] Bertrand Russell, Wofür ich gelebt habe. In: Fehige, Christoph u.a. (Hrsg.), Der Sinn des Lebens. München 2002, S. 192.

dass im Tierreich die Partnerwahl entscheidend durch Sexual-Botenstoffe (Pheromone) gesteuert wird. Sie dienen der Kommunikation innerhalb der Arten und geben Auskunft über die Genzusammensetzung des Gegenübers. Gewählt wird der Partner, dessen Genmix sich von dem eigenen möglichst unterscheidet, weil damit der eigene Genpool erweitert und das Immunsystem gestärkt und die Lebenschancen verbessert werden. Auch beim Menschen spielen die Pheromone bei der Partnerwahl möglicherweise noch eine Rolle, auch wenn sie offenbar von visuellen Kriterien und anderen äußeren Erscheinungsmerkmalen (wie zum Beispiel der Sprache und Sprachmelodie) des potenziellen Paarungspartners etwas in den Hintergrund gedrängt worden sind.

Neueste Untersuchungen der Neurowissenschaften zeigen ebenfalls, dass Liebe ein zentrales Steuerungsmerkmal für das Paarungsverhalten darstellt. Beim Gedanken an den Geliebten werden Gehirnareale angeregt, die die Aufmerksamkeit fokussieren und Motivation unterstützen. Sie aktiviert gleichzeitig auch das Belohnungssystem im Zentrum des limbischen Systems und ruft Gefühle hervor, ähnlich wie nach dem Genuss von Kokain und anderen Opiaten. Wird die Liebe erwidert, erweckt sie in uns ein Gefühl des Rausches. Der Ausstoß von Dopamin, Noradrenalin und Endorphinen und die Aktivität im ventralen Tegmentum, dem zentralen Bestandteil des Lustzentrums im Gehirn, werden erhöht.[38] Die Stimulierung der Dopamin produzierenden Zellen führt zu gesteigerter Aufmerksamkeit, Begeisterung und Energie, das die Wahl des und die Werbung um den ›richtigen‹ Paarungspartners unterstützt. Neben dem Dopamin erhält auch der Oxytocinausstoß einen Schub, ein Hormon, welches das sexuelle Begehren wie auch die sozialen Bindungskräfte und das Treueverhalten positiv beeinflusst.

Der *Drang nach Erkenntnis* dient aus genetischer Sicht der Anreicherung des ›Arbeitsspeichers‹, der kognitiven Wissenserweiterung, der Schaffung materieller und immaterieller ›Güter‹, mit deren Hilfe das interne homöostatische System und die Homöodynamik von Lebenssystem und Umwelt optimiert werden können. Belohnt wird der Erkenntnisgewinn ebenfalls, wie der eine oder andere Leser vielleicht schon einmal selbst erfahren hat, durch positive Gefühlsempfindungen. [39]

---

[38] Vgl. dazu Helen Fischer, Warum wir lieben. Die Chemie der Leidenschaft. Düsseldorf 2005 und die Frankfurter Rundschau vom 27.2. 2007.

[39] Der Erkenntnisdrang, das Lernen und erfolgreiche Lösen von Problemen ist genetisch gesteuert und wirkt, wie das der der Leiter des Leibniz-Instituts für Neurobiologie in Magdeburg, Henning Scheich, gezeigt hat, direkt auf das Belohnungszentrums des Gehirns. Beim Lernen wird Dopamin ausgeschüttet, ein Molekül das Verlangen und Motivation hervorruft und uns Dinge tun lässt, die uns Glücksgefühle verschaffen, weil körpereigene Opiate (Endorphine) ausgeschüttet werden (vgl. Frankfurter Rundschau vom 27. 2. 2007, S, 36). Lernen regt ähnliche Lustzentren an wie das Verliebtsein und Sex. Sex und Denken sind wichtig für den Fortbestand des

Wir leben in Gemeinschaft mit anderen Menschen und Lebewesen. Der Mensch ist im Wesentlichen soziales Wesen mit ausgeprägtem Wir-Bewusstsein und bedarf der Gesellschaft und Empathie anderer Menschen zur stabilen Entwicklung seiner Persönlichkeit und seines Ichs. *Mitgefühl für Menschen* ist deswegen ein unentbehrliches Leistungsmerkmal des menschlichen Organismus für die Aufrechterhaltung und Weiterentwicklung seiner personalen Integrität, der wechselseitigen zwischenmenschlichen Beziehungen und der Entwicklung seiner Soziabilität und Kultur.

Die drei Leidenschaften, die das Leben von Russell prägten, fördern und stützen das Überleben der Art – und sie füllen die Idee des Lebens mit Leben und machen dessen Sinn sichtbar. Fehlen das Verlangen nach Liebe, der Drang nach Erkenntnis und das Mitgefühl gewinnen Gefühle der Isolierung und Einsamkeit, der intellektuellen Dumpfheit und sozialen Verrohung die Oberhand.

---

homo sapiens, so wundert es nicht, dass Denken und Sex, was die potenziellen Lustgefühle angeht nahe beieinander liegen und vom selben Lustzentrum gespeist werden und so den Fortbestand der Art unterstützen.

Glaube, Mythos Christentum

Über die Unfreiheit des Glaubens

Glaube und Mythos

Das Bewusstsein hat sich in der Evolution durchgesetzt, weil es die Überlebenschancen der damit ausgerüsteten Lebewesen nennenswert verbesserte. Nach einer Definition von Damasio ist *»Bewusstsein ein Geisteszustand, in dem man Kenntnis von der eigenen Existenz und der Existenz einer Umgebung hat.«*[40] Dem Menschen verschaffte es offensichtlich Vorteile für das Lebensmanagement, Kenntnisse über die Umwelt ansammeln zu können, mit deren Hilfe er seine Reaktionen auf Umweltbedingungen optimieren konnte.

Bewusstsein heißt Kenntnis vom Selbst und kündet von der eigenen Existenz aber eben auch von der möglichen Nicht-Existenz des Selbst, von einem Anfang und einem Ende dieses Selbst. Man darf deshalb vermuten, dass sich schon der frühgeschichtliche Mensch über Geburt und Tod, über die Anfänge seines Daseins auf der Welt und das, was nach seiner physischen Existenz mit ihm geschieht, Gedanken gemacht hat. Er wird sich bemüht haben, zu verstehen, was um ihn herum in der Natur geschah, und er eignete sich früh astronomisches und meteorologisches Wissen an. Er suchte Erklärungen

---

[40] Antonio Damasio, Selbst ist der Mensch, München 2011, S. 169

für das Phänomen von Tag und Nacht, die Erscheinung der Sterne, für Blitz und Donner und Regen und Wind. Der erste Satz von Aristoteles' Metaphysik heißt: »*Alle Menschen verlangen nach Wissen.*« Die Ursprünge der Philosophie sind nach Aristoteles in der Verwunderung über die Natur und in dem Verlangen nach Erklärungen für die Natur zu suchen. So haben sie begonnen, zu philosophieren. Philosophieren im Sinne von: das Unerklärliche erforschen und darüber nachdenken, warum etwas geschieht, das Gegebene auf seine Ursachen, seinen Ursprung hin untersuchen und es nicht einfach hinnehmen.

Der frühe Mensch suchte also Erklärungen für Phänomene, für die er auf Grund seines begrenzten Wissens keine offensichtliche Erklärung fand. Und mit Sicherheit hatte der frühgeschichtliche Mensch große Ehrfurcht und Respekt vor der Natur, in die er eingebunden war, und vor den Naturgewalten, denen er mehr oder weniger ohnmächtig ausgeliefert war, die unmittelbar sein Leben bedrohen konnten und seinen Lebensrhythmus bestimmten. Bei dieser Ausgangslage musste dem Frühmenschen der Gedanke durchaus plausibel erscheinen, dass die ihn umgebende Natur von einer übernatürlichen Kraft geschaffen wurde, dass alles Geschehen auf der Erde weise gelenkt werde, und dass es einen tieferen Grund für dieses Geschehen gebe. Belebte und unbelebte Dinge und Erscheinungen waren danach sinnvoll und harmonisch geordnet und bargen Kräfte in sich, die sowohl der Natur als auch der Existenz des Menschen – als einem Teil der Natur – einen tieferen Sinn gaben.

Die Kausalität (Kant) hinter diesen Erscheinungen blieb der sinnlichen Wahrnehmung verborgen. Um diese schicksalhaften, treibenden Kräfte, denen man schutzlos gegenüber stand, zu kanalisieren und auf sie einwirken zu können, tat der Mensch, was seinem reflexiven Bewusstsein adäquat war. Er begann, sie in sein menschliches Alltagsgeschehen zu integrieren und benannte und personifizierte die unbekannten Schicksals- und Naturmächte. Er schuf sich Gottheiten und Gottwelten nach seinem Ebenbild, zu denen man eine Beziehung aufbauen, die man positiv stimmen konnte und potenzielle Bündnispartner waren, – die man sich aber auch zum Feind machen konnte. Sobald die Schicksalsmächte aus dem Dunkel des Unbenenn- und Unberechenbaren einmal herausgehoben waren, Bewusstheit erlangten und geistiges Eigentum des Menschen wurden, sobald sie also gemäß des Erkenntnisapparats des Menschen in Begriffen und Bildern fassbar und sinnlich fühl- und wahrnehmbar wurden, waren sie auch Teil der Wirklichkeit des Menschen. Die Götter bildeten eine eigene geistige Erfahrungswelt, über die der Mensch reflektieren und ›philosophieren‹ konnte – und er war damit in die Lage versetzt worden, zu den Schicksalsmächten Kontakt aufzunehmen, in der Hoffnung, auf zukünftige Entwicklungen Einfluss nehmen zu können und das Schicksalhafte steuerbar zu machen.

Götter sind Ideen, gleichsam Gestalten des bewussten Geistes (Tugenden, Sitte, sittliche Ansprüche, Ethik). So symbolisiert sich etwa die Idee (Idea, griechisch Bild) des Rechts bei den Griechen in der Gestalt der Göttin Dike, die Recht in Gerechtigkeit umsetzt. Die Schönheit, die sich in der Geisteshaltung des Erhabenen ausdrückt, nimmt in der Göttin Aphrodite Gestalt an.

Kant hat in seiner ›Kritik der reinen Vernunft‹ die Entstehung der Idee Gottes mit der Beschaffenheit der menschlichen Vernunft verknüpft: »*Man sieht Dinge sich verändern, entstehen und vergehen; sie müssen also, oder wenigstens ihr Zustand, eine Ursache haben. Von jeder aber ... lässt sich eben dieses wieder fragen. Wohin sollen wir nun die oberste Causalität billiger verlegen als dahin, wo auch die höchste Causalität ist ... Diese höchste Ursache halten wir denn für schlechthin nothwendig ... Daher sehen wir bei allen Völkern durch die blindeste Vielgötterei doch einige Funken des Monotheismus durchschimmern, wozu nicht Nachdenken und tiefe Speculation, sondern nur ein nach und nach verständlich gewordener natürlicher Gang des gemeinen Verstandes geführt hat.*«[41]

An anderer Stelle bemerkt Kant: »*Zuerst überzeugt sie [die Vernunft, HS] sich vom Dasein irgendeines nothwendigen Wesens. In diesem erkennt sie eine unbedingte Existenz. Nun sucht sie den Begriff des Unabhängigen von aller Bedingung und findet sie [...] in demjenigen, was alle Realität enthält. Das All aber ohne Schranken ist absolute Einheit und führt den Begriff eines einigen, nämlich des höchsten Wesens bei sich; und*

---

[41] Immanuel Kant, Kritik der reinen Vernunft, Paderborn, 2. Auflage von 1787, S. 480.

*so schließt sie, dass das höchste Wesen als Urgrund al-
ler Dinge schlechthin nothwendiger Weise da sei.«*[42]

Nicht Gott schuf den Menschen nach seinem Ebenbild, sondern umgekehrt, der Mensch schuf sich Götter
und Gott nach *seinem* Ebenbild und des ihm von der
Evolution zur Verfügung gestellten Erkenntnis- und
Denkapparats. Von reinen Begriffen darf aber nicht auf
die Existenz der realen Dinge geschlossen werden
(Kant). Das heißt, von dem Begriff, von der spekulativen Idee Gottes, kann nicht die Existenz Gottes abgelei-
tet werden. Aber auch auf der sinnlichen Erfahrungsebene des Weltgeschehens und der Wahrnehmung der
Welt kann der Beweis der Existenz Gottes nicht gelingen, da er letztendlich wiederum auf transzendenten
Begrifflichkeiten zurückgreifen muss, wie das Kant in
seinen berühmten Beweisführungen zur Existenz beziehungsweise Nichtexistenz Gottes aufgezeigt hat[43]. *»Das
höchste Wesen bleibt also für den bloß speculativen Gebrauch der Vernunft ein bloßes, aber doch fehlerfreies
Ideal, ein Begriff, welcher die ganze menschliche Erkenntnis schließt und krönt, dessen objektive Realität
auf diesem Wege zwar nicht bewiesen, aber auch nicht
widerlegt werden kann«*, so die Schlussfolgerung
Kants[44].

---

[42] Immanuel Kant, Kritik der reinen Vernunft, Paderborn, 2. Auflage
von 1787, S. 480.
[43] Immanuel Kant, a.a.O., S. 476ff.
[44] Immanuel Kant, a.a.O., S. 516

Ziel jedes Aberglaubens oder Glaubens, jedes Zaubers, jeder Magie und Geisterbeschwörung ist im tiefsten Kern die Bewältigung der Angst vor dem unberechenbaren Schicksal und der Versuch der Einflussnahme auf die bedrohlichen zukünftigen schicksalhaften Entwicklungen. *»Die Geschichte gesellschaftlicher Organisationsformen kann auch als Geschichte des Kampfes gegen das Schicksal gelesen werden. Die Zukunft zu kennen und jede Überraschung auszuschließen, war das Motiv für die Entwicklung von Ritualen, Zauber, Magie, Wissenschaft (...) Um das unberechenbare Schicksal zu beschwichtigen, wurde getanzt, getrommelt, nachgebildet, geopfert, geschlachtet, und um das Schicksal vorherzusehen, wurde orakelt und wurden Orakel interpretiert«*, so Horst Kurnitzky[45].

Auf diesem Hintergrund ergeben sich drei grundsätzliche Ausgangsszenarien für die Entstehung von Glaubenssystemen.

- Erstens sind das die Erklärungsversuche, um das Unerklärliche zu verstehen, und das Streben des Menschen, außer ihm stehende Schicksalskräfte beherrschen oder wenigsten im eigenen Sinn beeinflussen zu können. Bei diesem Szenarium generiert sich das Glaubenssystem aus der Schutzbedürftigkeit oder, negativ ausgedrückt, aus dem Ausgeliefertsein und der existenziellen Bedrohung durch die Natur, denen die Menschen durch

---

[45] Horst Kurnitzky, Die unzivilisierte Zivilisation, Frankfurt/Main 2002, S. 220.

rituelle Handlungen und Opfergaben entgegenzutreten versuchen, in der Hoffnung, die Natur und die dahinter stehenden Kräfte zu besänftigen oder in ihrem Sinne zu beeinflussen.

- Zweitens ist das Bewusstsein der eigenen Endlichkeit und dem daraus abgeleiteten Wunsch der Verlängerung des Lebens in einem Jenseits eine wichtige Triebfeder von Jenseitsideen, von Totenkult und der Verankerung von Glaubenssystemen im Diesseits.

- Drittens bewirken Glaubenssysteme über gemeinsame Erklärungs- und Deutungsmuster der Natur und des gesamten Kosmos eine Stabilisierung des Zusammenhalts der Gemeinschaft. Die Teilung gemeinsamer Überzeugungen und Werte verbindet. Je unsicherer die jeweils aktuelle Situation empfunden wird, desto größer ist die Neigung des Menschen, Gewissheit in einer Gemeinschaft zu suchen und sich der Macht eines allmächtigen Beschützers, der nichts dem Zufall oder einem ungewissen Schicksal überlässt, auszuliefern und unterzuordnen.

Zweifellos hat die heute teilweise beobachtbare Flucht in die Astrologie, die Sektiererei, in fundamentalistische Religionsgemeinschaften oder Esoterik ihren tieferen Grund in der fortschreitenden Auflösung und Unverbindlichkeit von Gewissheiten und unverbrüchlichen Werten in unserer Gesellschaft. Der Astrologe, der Guru oder eben ein Gott tritt als Lenker der Geschicke des Menschen an die Stelle des Zufalls und des Schicksals, das so zumindest in Grenzen lenkbar und manipulierbar erscheint und das Gewissheitspotenzial erweitert.

Sogar das Glück selbst, das als positiv erlebtes zufälliges Ereignis erlebbar wird (›Glück gehabt‹), scheint so steuerbar zu werden.

Als die in Horden lebenden Frühmenschen anfingen, sich vom reinen Instinktverhalten zu emanzipieren, und als die unbewussten, instinktgeleiteten tierischen Reiz-Reaktions-Schemata von einem Verhalten abgelöst wurden, welches auf bewusster Entscheidung beruhte, die sich zwischen Reiz und Reaktion geschoben hat, stellte sich die Frage: wie kann der Gruppenzusammenhang gesichert und der Einzelne dieser Gemeinschaft dazu angehalten werden, sich an die in dieser Gemeinschaft geltenden Regeln und Normen zu halten?

Schon lange vor der Entstehung des reflexiven Selbst gab es in der Natur ›vormoralische‹, genetisch gesteuerte Verhaltensregeln wie zum Beispiel Verwandtenaltruismus und reziproker Altruismus[46]. Mit dem Entstehen von Bewusstsein und reflexivem Geist wurden die Individuen in die Lage versetzt, ihren Zustand intellektuell zu begreifen und zu interpretieren und das Zusammenleben in der Gruppe bewusst zu regeln: Wer ist zum Beispiel für was verantwortlich? Was soll erlaubt sein und was nicht? Verfeinerte säkular-soziale Konventionen und die Herausbildung von Mythen über die Wesensbestimmung und die Seinsverfassung des Menschen führten schließlich zu den Anfängen einer bewussten

---

[46] Antonio Damasio, Selbst ist der Mensch, München 2011, S. 306

Ethik und Moral: Das Sozialgefüge wird über allgemeine konsensfähige ideelle Wertesysteme, die tiefergehende Vorstellungen von dem Wert des Lebens und vom Menschen an sich aufgreifen, und Sitte zusammengehalten und gefestigt.

Aus dem Gemenge diskursiver Begründungszusammenhänge der Gruppenmitglieder, sozialer Konventionen, Sitten, Werten und Mythen entstanden über Generationen hinweg religiöse Lehren und verbindliche Glaubenssätze, die den Menschen stabile Orientierungslinien an die Hand gaben: Was ist gut und böse? Was sind gewünschte und unerwünschte Handlungen? So wie der Bauplan des Lebens in den Nukleinsäuren als Idee des Lebendigen niedergelegt ist und das Bleibende im Prozess der Fortpflanzung und Evolution des Lebens ist, so sind im gleichen Maße die Ideen, die Gedankengebäude, Vorstellungswelten und Deutungsmuster der Menschheit fortpflanzungsfähig, und sie formen auf diese Weise die Menschheitsgeschichte und seine Kultur. Damit eine Idee sich ›fortpflanzen‹, tradieren kann, ist Voraussetzung, dass sich die Menschen zu einer Gemeinschaft verbinden und gemeinsames Handeln zumindest rudimentär stattfindet. Die Idee, das Ideengebäude eines einzelnen isolierten Individuums stirbt mit dem Tod dieses Menschen, es kann seine Gedanken niemandem tradieren. Nur weil der Mensch ein soziales Wesen ist, hat er Kultur, und nur weil wir in einem Kulturraum leben, sind wir, zumindest heute, wo wir zunehmend von den kulturellen Errungenschaften abhängig geworden sind und sieben Milliarden Menschen ernährt werden müssen, fähig zu überleben.

Wir wissen bis heute sehr wenig über die Ideenwelt und das Mischverhältnis säkularer und religiös motivierter Werte, Normen und Verhaltensmuster des Menschengeschlechts am Anfang seiner Geschichte. Mit Sicherheit ist allerdings davon auszugehen, dass sich Menschen, sobald sie sich in einer einigermaßen kontinuierlichen Gruppe oder Horde zusammengefunden hatten, auch soziale Verhaltensregeln aufgestellt, Kulturtechniken und Deutungsmuster in Bezug auf die sie umgebende belebte und unbelebte Natur wechselseitig kommuniziert haben. Diejenigen Verhaltens- und Deutungsmuster, die in der Gruppe konsensfähig waren, wurden tradiert und an die nachkommenden Generationen ›vererbt‹.[47]

Dietrich Mani, der im thüringischen Bilzingsleben Ausgrabungen von Homo-erectus-Funden leitete, ist überzeugt, 370 000 Jahre alte Spuren rituellen Handelns[48] gefunden zu haben. Dies ist allerdings bisher nur ein singulärer Fund. Aber 300.000 Jahre später, zu Zeiten des ›Homo sapiens‹ häufen sich die Indizien, dass Heilige und Götter verehrt wurden. Spätestens vor

---

[47] Vgl. dazu auch die kulturelle Evolution und Wir-Bewusstsein in dem Kapitel ›Der Mensch: Wir-Bewusstsein und kulturelle Intelligenz‹ in dem Essay ›Was ist der Mensch? ‹, S. 28ff.
[48] Diese Hinweise deuten auf die Mimetische Kultur in der evolutionären Entwicklung des Homo erectus hin. Vgl. dazu S. 36f. in dem Essay ›Was ist der Mensch?‹.

50.000 Jahren haben die Menschen ihre Toten bestattet, ein sicheres Zeichen dafür, dass an ein Jenseits geglaubt wurde, insbesondere dann, wenn den Toten Gaben mit auf den Weg ins Jenseits gegeben werden. Einfache Glaubenssysteme wurden also schon sehr früh von den Menschen entwickelt und dürften von Anbeginn das soziale Leben und die Wirklichkeit des modernen Homo sapiens begleitet haben. Es ist heute keine Kultur, kein Volk oder Volksgruppe bekannt, die nicht in irgendeiner Form Glaubenssysteme besitzt.

Religion berührt somit grundsätzliche Fragen des menschlichen Seins und Denkens, unabhängig davon, wie die Glaubensgrundsätze im Einzelnen ausgestaltet sind. Sobald der Mensch ein reflexives Bewusstsein entwickelt hatte[49] und in der Lage war, über sich selbst und seine Existenzbedingungen nachzudenken, hat er deswegen mit einiger Sicherheit auch angefangen, über grundsätzliche Fragen des Seins zu reflektieren und Thesen und Hypothesen über unerklärliche Vorgänge in der sinnlich erfahrbaren Natur wie auch jenseits des physisch Wahrnehmbaren (Metaphysik) aufzustellen. Der nach Wissen suchende Geist, der seinen evolutionären Anfang in der Herausbildung von Neuronenzellen

---

[49] Antonio Damasio, a.a.O. vermutet, dass sich das Selbst im Laufe des Pleistozäns allmählich entwickelt hat und erst wenige Zehntausend Jahre alt ist. Vor rund 100.000 Jahren entwickelte sich durch molekulare Veränderungen im Gehirn die universale Grammatik, die Voraussetzung für die Sprachentwicklung und die Sprachfähigkeit ist (Prof. Dr. Günther Grewendorf). Vgl. auch S. 37f. in dem Essay ›Was ist der Mensch?‹ in diesem Reader.

und seinen vorläufigen Endpunkt in der Entwicklung eines biografischen Selbst und des daraus hervorgegangenen Bewusstseins von Geschichte und Kultur hat, ist ein Wesensmerkmal des Menschlichen schlechthin. [50] Die Hervorbringung einer Idee eines höchsten Wesens erscheint auf diesem Hintergrund die logische Folge der Menschwerdung zu sein.

Die griechischen Philosophen haben für Europa, wie in so vielen anderen philosophischen Dingen auch, hinsichtlich dieser Idee Pionierarbeit geleistet. Aristoteles, der postulierte, dass alles Seiende eine Ursache haben müsse, fragte nach den ersten Ursachen der Welt. Er kam zu dem logischen Schluss, dass es in der langen Reihe von Ursache-Wirkung-Zusammenhängen einen ersten Verursacher, einen ersten Beweger geben müsse. Der »*Unbewegte Beweger*« ist Auslöser aller Ursachen, absolute Wirklichkeit des Seins (actus purus) und absolute Wahrheit. Er ist das immer schon allem Seienden Vorangehende, er ist reiner Geist, göttlicher Geist oder Gott. Der menschliche Geist, so Aristoteles, wiederum stehe mit dem göttlichen in Einklang und ist in uns, da er von Gott kommt.[51]

---

[50] Vgl. dazu auch das Kapitel ›Der Mensch: Wir-Bewusstsein und kulturelle Intelligenz‹ in dem Essay ›Was ist der Mensch?‹, S. 28 ff.

[51] Heute hat die neurologische Forschung eine plausible Erklärung für die Entstehung von Geist im Gehirn und man kann vernünftigerweise nicht mehr mit ›göttlichem‹ Geist argumentieren (Vgl. dazu auch Antonio Damasio, a.a.O.). Die letzten Ursachen des Weltgeschehens kennen wir nicht, und es ist vernünftig, sich zu bescheiden, dass wir Menschen nicht alles wissen können. Wir kennen auch

Die christliche Religion hat sich später Aristoteles'
philosophischen Gedanken bedient und sie zur philosophischen und theologischen Begründung des christlichen Glaubenssystems heran gezogen. Auch Kant wird
später von einem Welturheber sprechen und führt das
«Sittengesetz«, das in uns waltet, als ein von außen
kommendes ›göttliches‹ Gesetz in seine Philosophie ein.

Wie der Philosoph und Chemie-Nobelpreisträger von
1977 Ilya Prigogine dargelegt hat, spielt bei der Suche
nach den letzten Ursachen und Rätseln des Lebens der
Mythos im Zusammenspiel mit dem Verstand eine
wichtige Rolle. Beide sind komplementäre Spiegelun-
gen ein und desselben Bewusstseins, mit dem die Menschen den Rätseln des Lebens auf die Spur zu kommen
versuchen. Mythos vervollständigt in diesem Sinn das
Wissen. An der Nahtstelle von Wissen und Nichtwissen
setzt Transzendenz und Kreativität ein. Wenn wir also,
so Ilya Prigogine weiter, den Vorstoß unternehmen, das
Werden zu verstehen, streben wir danach, das Neue zu
verstehen, die Kreativität, also auch uns selbst.

Neuere Ergebnisse der Hirnforschung geben erste interessante Hinweise zum Zusammenspiel von Hirnleis-
tungen und religiösen, mythischen Erfahrungsebenen

---

nicht die höchste (göttliche) Wahrheit, die nach Aristoteles für alles
Spätere die Ursache seines Wahrseins ist. So müssen wir uns auch
mit relativen Wahrheiten bei der Betrachtung der Dinge (Seiendes)
und dem Sein (dem Wesen) des Seienden (Aristoteles) zufrieden geben.

aus naturwissenschaftlicher Perspektive. Sie erlauben, Hypothesen aufzustellen, wie religiöse Erscheinungen als Begleiterscheinung der Hirnentwicklung entstanden sein könnten. Wenn Religion und religiöse Erfahrungen ein universales Merkmal der menschlichen Natur sind, muss man fragen, was der evolutionäre Sinn von Religion ist. Zwei Erklärungsversuche bieten sich an.

Einem Ansatz zufolge stattete die Natur das Gehirn eigens zum Zwecke der religiösen Empfindungsfähigkeit mit eigenen Schaltkreisen aus. Demnach müsste die Fähigkeit von Religionsempfinden einen selektiven Vorteil im frühmenschlichen Überlebenskampf bedeutet haben. Nach dieser Hypothese könnte dann logischerweise der Vorteil religiöser Empfindungsfähigkeit im Laufe der Evolution aber auch überflüssig werden, sobald der damit verbundene Überlebensvorteil nicht mehr gegeben ist. Sind wir heute an solch einer evolutionären Zeitenwende angelangt, wo Religionen für das Leben und Überleben des Menschen keinen selektiven Vorteil mehr bieten?

Ein zweiter Ansatz besagt, dass die Möglichkeit, religiöse Empfindungen erleben zu können, ein *Begleitprodukt* der evolutionären Hirnentwicklung ist. Die Bewusstseinsfähigkeit und die immer weitere Ausdifferenzierung des menschlichen Hirns führten danach zwangsläufig auch zu der Fähigkeit von übersinnlichen Wahrnehmungen. Eine interessante Frage ist dann, was sich in unserem Gehirn bei Religionsempfindungen, Visionen oder übersinnlichen Erfahrungen abspielt.

In den tieferen Regionen des Schläfenlappens verbirgt sich eine interessante Hirnregion, der Hippokampus. Nur die Reize oder Pulse, die den Hippokampus passieren, werden im Gedächtnis gespeichert. In verschiedenen neuronalen Gehirnschaltkreisen werden innere Körpersignale und äußere sensorische Eindrücke im Hinblick auf die Lebenssteuerung, die biologische und »soziokulturelle Homöostase«[52] bewertet und gefiltert: was ist aus Sicht des Individuums erinnerungswert oder -unwert, was ist wichtig und unwichtig, was ist moralisch richtig und falsch? Diese Zensur ist von höchster Wichtigkeit, da der Mensch ansonsten in einer Flut von sinnlosen Daten ertrinken und orientierungslos werden würde. Andererseits begrenzen diese Filter natürlich die potenzielle individuelle Wahrnehmungs- und Bedeutungsvielfalt. Das autobiografische Selbst verarbeitet im Wesentlichen nur, was aus seiner sozialpsychologischen und biografischen Geschichte heraus Wert besitzt. Aber auch das, was gespeichert wird, ist nicht alles dem bewussten Geist zugänglich. Vieles bleibt dem bewussten, reflexiven Zugriff verschlossen und beeinflusst, als ›genomisches Unbewusstes‹ (die vom Genom angeregten Handlungsmuster und emotionalen Abläufe) und ›kognitives Unbewusstes‹, quasi als verborgene Aktivität des Geistes im Hintergrund, unsere bewussten geistigen Prozesse. Der bewusste Geist, das autobiografische Selbst muss sich fortwährend gegen die unbewusst wirkenden Prozesse durchsetzen.

---

[52] Antonio Damasio, Selbst ist der Mensch, München 2011, S. 307

Weiterhin sind wir bemüht, all unser Fühlen, Denken und Handeln vor uns selbst und vor anderen sprachlich-logisch zu rechtfertigen, so der Hirnforscher und Philosoph Gerhard Roth. Reizt man zum Beispiel das Gehirn von Versuchspersonen mit Elektroden, so dass sie eine Bewegung wie Marionetten auf Knopfdruck des Versuchsleiters ausführen, deklarieren diese nach der Handlung ihr Tun unwillkürlich als gewollt und nach gelernten Bedeutungsmustern: »Ich wollte nach dem Brot greifen, weil ich Hunger hatte«. Sie behaupteten dies, obwohl kein Hungergefühl vorhanden und der Greifreflex künstlich ausgelöst und nicht bewusst gesteuert wurden.

Die geschilderten neuronalen Prozesse, die unsere Wahrnehmung, unsere reflexiven Prozesse, unser Verhalten und unsere Emotionen beeinflussen, können allerdings auch ausgeschaltet oder zumindest gedämpft werden, zum Beispiel durch Drogen, durch Fasten, was in vielen Religionen vorgeschrieben ist, durch rituelle Tänze, die zur Ekstase oder Trance führen können, durch Meditation oder etwa durch sehr intensives, innigliches Beten. Durch die so verursachte Dämpfung der Aktivitäten dieser Gehirnregionen werden kreative, neue Zusammenhänge denkbar, werden Visionen und mitunter auch Halluzinationen hervorgerufenen, die keiner Filterung mehr ausgesetzt sind. Interessant dabei ist, wie Versuche des Radiologen Andrew Newber[53] gezeigt haben, dass diese Visionen durch eine gleichzeitig

---

[53] Vgl. Der Spiegel vom 18.5.02

herbeigeführte Deaktivierung der Scheitellappen den Kontakt zum eigenen Körper verlieren. In dieser Hirnregion laufen alle Informationen über den physischen Körper zusammen, hier werden die Signale von Haut, Nase, Augen, Ohren, den Muskeln und motorischen Steuerzentren zu einem Bild des eigenen Körpers zusammengesetzt. Wird der Kontakt zu dieser körperlichen Sinneswahrnehmung unterbrochen, empfindet der Mensch nur noch Geist, die Sinneseindrücke sind körperlos und irdischen Gesetzen scheinbar nicht mehr unterworfen. Diese so hervorgerufene Schwerelosigkeit und Entkörperlichung des Geistes, eines Bildes oder einer Idee könnte der Ursprung religiöser Erfahrungen des Menschen sein. In einem Selbstversuch konnte der Kanadische Psychologe Michael Persinger religiöse Gefühle quasi ein- und ausschalten, indem er die entsprechenden Regionen des Schläfenlappens seines Großhirns mit Magnetspulen manipulierte[54].

Der Mensch ist dank seines im höchsten Maße komplexen neuronalen Systems als einziges Lebewesen in der Lage, sich Ideenwelten, Heilige und Götter Kraft seiner Gedanken, seinem poetischen Vermögen und seines Kreativitätspotenzial nach seinem Ebenbild zu schaffen, – und er ist auch fähig, übersinnliche, von der Physis losgelöste, Empfindungen haben zu können. Diese Glaubens- und Götterwelten, die, wie aus der griechischen oder auch germanischen Mythologie allseits be-

---

[54] Vgl. Der Spiegel vom 18.5.02

kannt ist, durchaus menschliche Züge hatten, haben sich im Laufe der Zeit verselbständigt und führen seitdem eine eigene Existenz als quasi naturgegebene Phänome, abgekoppelt von seinem ›Erfinder‹, dem menschlichen Geist.

In der weiteren Menschheitsentwicklung bildeten diese vorerst unreflektierten tradierten mythischen Götterwelten das Fundament des Weltsystems. Schließlich begann der Mensch über die Entstehung der Welt, über sein Dasein und seine Stellung in der Welt zu reflektieren.[55] Die außerweltlichen Götterwelten ›erschlossen‹ sich dem Menschen, er versuchte zu verstehen, wer die Götter waren und was sie wollten, die Glaubenssysteme nahmen Gesetzescharakter an (besonders stark ausgeprägt im Islam) und bildeten die Fundamente von Sittlichkeit, Tugendhaftigkeit und menschlichem Sein überhaupt. Damit hatten die Götter Lenkungskraft und sittliche Kraft über diejenigen errungen, die die Götter geschaffen haben.

Wer Zugang zu den Mächtigen der Gottwelten hat und sich mit Gott ›gut steht‹, oder wem es gelingt, sich gar als direkter Abkömmling oder Verwandter Gottes darzustellen, ist legitimiert, dessen Angelegenheiten auf der Erde zu verwalten und zu exekutieren, wie auch dessen

---

[55] Vgl. dazu bei Karl Jaspers die Achsenzeit, die er zwischen 800 und 200 v. Chr. ansiedelt. Karl Jaspers, Vom Ursprung und Ziel der Geschichte, München 1983, S. 19ff.

Gebote und Regeln zu bewahren. Die Abkömmlinge oder Vertreter Gottes auf Erden haben ein verständliches Interesse daran, den Kreis derjenigen, die Zugang zu dieser Gottheit haben können, zu beschränken und die mit der Zugangsbeschränkung und der Nähe zu Gott einhergehende Machtfülle für sich zu konservieren. Dies geschah und geschieht dadurch, dass die Verwalter der Angelegenheiten Gottes auf Erden einerseits die Zugangsregeln zu Gott selbst entwerfen und definieren – sie versehen den Zugang quasi mit einem Numerus Clausus und sind gleichzeitig für dessen Überwachung zuständig. Andererseits versuchen die Vertreter der Gottheit auf Erden die Machtfülle dadurch zu erweitern und abzusichern, dass sie religiöse Gebote und Werte auf möglichst viele Handlungs- und Verhaltensbereiche einer Gesellschaft auszudehnen versuchen.

Das Christentum

Wenn es richtig ist, dass Glaubenssysteme, Gott und Götterwelten menschengemacht sind – und es gibt aus erkenntnistheoretischer, biologischer und evolutionstheoretischer Perspektive keinen Grund, dies nicht anzunehmen – , dann kann sich das Ergebnis durchaus sehen lassen. Es ist der Menschheit im Laufe seiner Geschichte gelungen, allumfassende und höchst facettenreiche religiöse Systeme zu kreieren.

Eine dieser Facetten präsentiert das Christentum. Ein theologisches System, das im besonderen Maße zur Befriedigung psychologischer und sozialer Bedürfnisse und unerfüllter Heils- und Jenseitserwartungen des Menschengeschlechts, aber auch zur Disziplinierung und Steuerung des Verhaltens der Menschen geeignet ist. Die christliche Kirche des Abendlandes als der Institution, der die Verwaltung und Verkündung der Angelegenheiten des christlichen Gottes obliegt, hat als Auftrag, zeitadäquate Glaubenssätze in konkrete Handlungs- und Verhaltensvorschriften umzusetzen, christliche Handlungen und Rituale entsprechend zu überwachen und deren Nicht-Einhaltung gegebenenfalls zu sanktionieren. Die christliche Kirche hat sich im Laufe der Jahrhunderte ein umfangreiches und exklusives Zugangs- und Verwaltungssystem erschaffen und ihre geistliche und auch weltliche Macht über ein hochkomplexes System von Glaubenssätzen und Dogmen auf alle Bereiche menschlichen Handelns ausgedehnt, dem sich der Einzelne über Jahrhunderte hinweg blindlings unterwerfen musste – oftmals auf Leben oder Tod. Jeder Gläubige wird dafür, dass er sich den göttlichen Gesetzen fügt, mit dem Schutz der kirchlichen Gemeinschaft belohnt und kann auf ewiges Leben hoffen (Johannes 3,16). Denjenigen, die das nicht tun, droht allerdings ewige Verdammnis und Elend nicht nur im Himmel sondern schon auf Erden.

Erst mit der Aufklärung im 17./18. Jahrhundert beginnen die Menschen in Europa sich von dem starren Glaubenssystem der christlichen, insbesondere der katholischen Kirche, allmählich zu emanzipieren und dies grundsätzlich öffentlich zu diskutieren und zu hinterfragen. Die Menschen erobern für sich die Definitionsmacht über ethische Grundsätze, Werte und Moral zurück, die über Jahrhunderte hinweg uneingeschränkt die Kirche besessen hatte.[56]

Die christliche Schöpfungsgeschichte verdeutlicht anschaulich das Bestreben der Menschen, die Welt, so wie sie sich den Menschen damals darbot, zu begreifen und plausibel die Entstehung der Erde zu beschreiben. Da die Menschen noch nicht über gesicherte naturwissenschaftlichen Erkenntnisse der Entstehung der belebten und unbelebten Natur verfügten, entwickelten sie Vorstellungen und Ideen darüber, wie es gewesen sein könnte und integrierten diese spekulative Ideenwelt in ihr christliches Glaubenssystem.

»Da machte Gott die Feste und schied das Wasser unter der Feste von dem Wasser über der Feste. Und es geschah so.« (1. Mose 1, 7) Das hebräische Wort ‚Feste' bezeichnet etwas Festgestampftes oder eine Platte. Man dachte sich im alten Orient den Himmel als eine riesige Kuppel. Darüber befand sich nach dieser Anschauung der Himmelsozean und über diesem die Wohnung Gottes (Ps. 104,1-3). Neben Sonne, Mond und Sterne (1. Mose 1,16) schuf Gott die Erde, Pflanzen, Tiere und als Krönung der Schöpfung den Menschen.

---

[56] Vgl. hierzu den Essay zur ›Freiheit und sozialen Verantwortung‹ das Kapitel ›Säkularisierung und die Freiheit des Menschen‹, S.93ff. in diesem Reader.

Wir wissen heute natürlich, dass diese Interpretation der Weltentstehung und der Entstehung des Kosmos falsch ist, aber es darf nicht vergessen werden, dass sie über Jahrhunderte unumstößliche Gültigkeit hatte und sie es den Vertretern Gottes auf Erden ermöglichte, diesen christlichen Gott als alleinigen aktiven Gestalter und Urheber des Weltgeschehens und des Universums glaubhaft zu etablieren. Die Macht des christlichen Gottes umfasste damit alle denkbaren Sphären des Himmels und der Erde, niemand auf Erden konnte sich dieser Macht entziehen. Die christliche Religion, die ja bekanntlich auf einer prophetischen, offenbarenden Ein-Gott-Lehre basiert (»Du sollst keine anderen Götter neben mir haben«), verkörpert den Inbegriff eines totalitären Glaubenssystems. Gott im christlichen Sinn ist allmächtig, ubiquitär und allgegenwärtig. Seine Macht erstreckt sich nicht nur über urbi et orbi, sondern Gott hat Macht über das Universum insgesamt.

Inhaltlich versteht sich das Christentum im Kern als eine Art ›Liebesreligion‹ und seine Heilslehre ist um die erlösende Kraft der Liebe konzentriert.[57] Jesus opfert sich am Kreuz aus Liebe zu den Menschen, und wer Jesus liebt, soll dadurch Erlösung finden. Die christliche Ethik propagiert aber nicht nur Nächstenliebe, sondern

---

[57] *»War im Alten Testament Glauben auch daran orientiert, dass Gott ein für Israel erfolgreicher Krieger sein wird ... , so bei Jesus am einzelnen und der Unbedingtheit der Heilszusage ...«* Gerd Lüdemann, Das Unheilige in der Heiligen Schrift, Stuttgart 1996, S.121. Vgl. dazu auch den Essay ›Liebe in Zeiten Benedikts‹ in diesem Reader.

sogar Feindesliebe sowie Mitmenschlichkeit, Solidarität und Barmherzigkeit (»*Ich aber sage euch: Liebt eure Feinde, segnet, die euch fluchen, tut wohl denen, die euch hassen und bittet für die, die euch beleidigen und verfolgen, damit ihr Kinder seid eures Vaters im Himmel.*« (Matthäus 5, 44-45). Sie schließt die Idee der Gerechtigkeit und die Unterstützung der Schwachen, der Ausgegrenzten und Kranken ausdrücklich in die Heilslehre ein (Matthäus 5, 3-10).[58]

Dies sind aus Sicht der damaligen Zeit, in der ein Menschenleben, insbesondere der Entrechteten, der Sklaven und Ausgegrenzten, wenig galt, revolutionäre Ideen. Sie zeugen von dem Aufkeimen eines radikal neuen Menschenbildes, das dem damals vorherrschenden Bild des Menschen, das von den Machteliten der Großmächte Ägypten und Assyrien geprägt wurde, entgegen gestellt wurde und große Attraktivität besaß. In diesem Sinn ist Jesus als geschichtliche Person und Verkünder solch revolutionärer Gedanken eine Herausforderung für die Menschen, auch für Atheisten, die Jesus in ehrlicher historischer Rekonstruktion begegnen. [59]

---

[58] »*Jesus' Verhalten geht zu den herrschen Klassen auf Distanz und er wendet sich den religiös Deklassierten zu: Zöllnern, Huren, dem gesetzesunkundigem Volk des Landes. Daran macht er demonstrativ deutlich, daß Gnade dem Menschen zufällt – ohne jeglichen Anspruch.*« Gerd Lüdemann, a.a.O., S. 120.

[59] Festzuhalten ist jedoch, dass der »vergottete« Christus mit Jesus wenig zu tun hat. Darum gilt, was Türcke formuliert hat: »*Die Leiche im Keller des Christentums ist der vergottete Jesus selbst.*« Christoph Türcke, Die Leiche im Keller, in: Michael Albus, Das Christentum am Ende der Moderne, Düsseldorf 1996, S. 144.

Es ist bis heute noch nicht eindeutig geklärt, wann die Bibel entstanden ist. Ein Teil der Forscher geht von einem Entstehungsdatum um 1000, andere datieren sie um 600 oder gar erst um 300 vor Christi Geburt. Als wahrscheinlichstes Datum gilt die Zeit um 600, als vermutlich Priester der Zionistengemeinde große Teile des Alten Testaments verfassten. Eine Zeit also, da Israel von den Assyrern erobert und unterdrückt und das Königreich Judäa von Ägypten und Assyrern bedroht war. 587 verliert auch das Königreich Judäa, wie schon seit 732 Israel, seine Unabhängigkeit. Diese politische Lage und die Unterdrückung der Menschen spiegeln sich auch in der Bibel wieder, indem sie, zum Beispiel in der Bergpredigt, die Entrechtung der unterdrückten Völker und die Menschenwürde thematisiert.

In der christlichen Erlösungsreligion werden hohe Aggressionstabus aufgebaut, die die Gewalt bannen sollten, die in der damaligen politischen Landschaft wie auch zum Beispiel in der griechischen Götterwelt noch ein integraler Bestandteil des Geschehens war. Die Götter konnten sowohl liebevoll und schützend, aber auch hinterlistig, rücksichtslos und gewalttätig sein. Der christliche Monotheismus[60] wird demgegenüber von ei-

---

[60] Der christliche Gott ging aus dem heidnischen Gott Jahwe hervor, einem Wettergott. Er wurde zum Beispiel als Stadtgott Jerusalems auf dem Berg Zion als Donnergötze verehrt. Im Jahre 639 v. Chr. versuchte Josia, König von Juda, den Monotheismus in Juda zu etablieren. Das Jahr 587 v. Chr., als der Babylonier Nebukadnezar Juda und Jerusalem eroberte und das Volk unterdrückte, verhalf dann dem Monotheismus zum Durchbruch. Es dauerte aber immer noch bis

nem Gott der reinen Liebe repräsentiert, der eine Welt ohne Gewalt propagiert (Matthäus 5, 38-42).

Neben der Tabuisierung von Aggressionen werden in der christlichen Lehre im besonderen Maße sexuelle Handlungen und Empfindungen mit Verboten belegt und die Sexualität von der Liebe entkoppelt. Nicht nur dass Jesus selbst ohne geschlechtlichen Akt jungfräulich geboren worden sein soll, sondern alle sexuellen Impulse, die über die eheliche Sexualität zum Zwecke der Zeugung hinausgehen, sind mit drastischen Sanktionen belegt: »*Wer eine Frau ansieht, sie zu begehren, der hat schon mit ihr die Ehe gebrochen in seinem Herzen. Wenn dich aber dein rechtes Auge zum Abfall verführt, so reiß es aus und wirf's von dir. Es ist besser für dich, dass eins deiner Glieder verderbe und nicht der ganze Leib in die Hölle geworfen werde.*« (Matthäus 5, 28-29).

Gefordert wird die reine, edle und bedingungslose Liebe. Die Abspaltung der Liebe von der Sexualität hat zur Konsequenz, dass die Sexualität dem Bösen zugerechnet wird. Der heiligen Stadt Jerusalem, die die reine Liebe beherbergt, wird Babylon, »*die Mutter der Hurerei*« entgegengesetzt. Für diese gelten dann die Gebote

---

zum 2. Jahrhundert v. Chr., so vermuten Bibelforscher, bis sich diese Ein-Gott-Lehre wenigstens in dem kleinen und damals völlig unbedeutendem Königreich durchsetzte. Bis dahin wurde Gott Jahwe immer auch noch bei Bedarf als Wettergott angerufen und um Hilfe gebeten.

der Nächstenliebe und Barmherzigkeit allerdings nicht mehr: »*Darum werden ihre Plagen an einem Tag kommen, Tod, Leid und Hunger und mit Feuer verbrannt werden; denn stark ist Gott der Herr, der sie richtet.*« (Offenbarung 18, 8).

Das oberste Gebot christlicher Religion ist, Gott zu lieben (»*Du sollst den Herrn, deinen Gott, lieben von ganzem Herzen, von ganzer Seele und von ganzem Gemüt*« Matthäus 22, 37). Es reicht also nicht aus, nur ein Diener Gottes zu sein, ihn zu achten und zu respektieren, um die Gnade Gottes zu finden, sondern die Menschen müssen sich ihm als Ganzes hingeben, mit all ihrer Emotionalität und all den Gefühlswelten, derer Liebe fähig ist. Sogar die Liebe zu Vater, Mutter, Sohn oder Tochter muss der Gottesliebe gegenüber zurücktreten, ist zweitrangig (»*Wer Vater und Mutter mehr liebt als mich, der ist meiner nicht wert; und wer Sohn oder Tochter mehr liebt als mich, ist meiner nicht wert.*« Matthäus 10, 37).

Mit der biblischen Forderung nach dieser bedingungslosen Liebe erreicht die christliche Kirche eine ungemein starke Emotionalisierung religiöser Beziehungen und eine immerwährende Kontrolle der innersten Gefühlslagen der Menschen. Gott ist nicht nur als Idee Vater, sondern wird und soll auch in der konkreten emotionalen Gefühlswelt als Vaterfigur erlebt werden – und mit ihr werden alle Gebote und Verbote der Kirche emotionalisiert und internalisiert und im Über-Ich als oberste Kontrollinstanz abgespeichert. Jeder weiß natürlich, dass die Vielzahl von Geboten und Verboten, denen jeder ausgesetzt ist, auch unter Aufbringung sehr großer Kräfte nicht in jeder Situation und vollständig eingehalten werden kann. Haben im täglichen Leben kleinere, unbedeutende Übertretungen von Vorschriften oftmals nur geringe Auswirkungen, so ist das bei Übertretungen von Gottes Geboten allerdings anders. Mit diesen Übertretungen sind bei Gläubigen existenzielle Ängste vor der Hölle und konkreter Bestrafung auf Erden durch Elend, Krankheit oder Tod verknüpft. Gott erkennt und sieht alles, kann also auch in das Innerste der Menschen schauen, so dass der Sünder keine Chance hat, die Gebotsübertretung vor Gott zu verheimlichen. Da es aber für den Menschen unmöglich ist, alle christlichen Gebote und Verbote immer und überall zu erfüllen, was natürlich auch die Kirche weiß, hat die katholische Kirche als Ventil die Beichte und den Ablass, der erstmals im 11. Jahrhundert erhoben wurde, eingeführt. Damit konnte die permanente Furcht vor Sünde und Bestrafung wenigstens teilweise Entlastung finden und abgebaut werden.

So sehr die christliche Kirche Begriffe wie Mitmenschlichkeit, Solidarität, Barmherzigkeit, Gerechtigkeit, aber auch Ordnung, Disziplin, Leistung, Dienen und Arbeitsethos (»ora et labora«) in den Vordergrund ihres Wertekanons stellte, so unbarmherzig konnte sie gegenüber den Feinden dieser Glaubenssätze sein, was in einem seltsamen Widerspruch zu dem Nächstenliebegebot steht. Die Bibel bietet ein Fülle von Hinweisen, die der Interpretation breite Spielräume öffnet, wie mit Menschen, die christliche Glaubenssätze und Regeln missachten oder anderen Glaubens sind, zu behandeln und zu bestrafen seien. »*Ihr Schlangen, ihr Otternbrut! Wie wollt ihr der höllischen Verdammnis entrinnen?*« (Matthäus 23, 33). Oder in der Offenbarung 21, 8: »*Die Feigen aber und Ungläubigen und Frevler und Mörder und Unzüchtigen und Zauderer und Götzendiener und alle Lügner, deren Teil wird in dem Pfuhl sein, der mit Feuer und Schwefel brennt; das ist der zweite Tod*«. Oder im Alten Testament im 1. Mose 19, 24-25: »*Da ließ der Herr Schwefel und Feuer regnen vom Himmel herab auf Sodom und Gomorra und vernichtete die Städte und die ganze Gegend und alle Einwohner der Städte und was auf dem Lande gewachsen war.*«

Die Kirche hat im Laufe ihrer Geschichte diese biblischen Hinweise und Fingerzeige, wie Nichtgläubige oder Abtrünnige zu ›behandeln‹ seien, durchaus konkret umgesetzt, wie die Kreuzzüge gegen die Ungläubigen, die Ausrottung ganzer Kulturen und Völker in Mittel- und Südamerika im Namen der heiligen Kirche, oder aber die spätere unbarmherzige Inquisition und die Hexenverfolgungen, in deren Gefolge Zehntausende von Menschen umgebracht worden sind, gezeigt haben.

Aber die Kirche hat auch die Gottesfurcht der Gläubigen für sich ökonomisch und politisch zu nutzen gewusst, ihre Macht immer weiter auf die säkulare Welt ausgedehnt und Reichtümer und Ländereien angesammelt sowie ihren Einfluss auf die weltlichen Herrscher verstärkt. Aber auch die weltlichen Herrscher haben von der Unantastbarkeit göttlicher Macht durchaus profitiert, indem sie sich zum Beispiel von der Kirche bescheinigen ließen, dass sie ›von Gottes Gnaden‹ herrschen und regieren würden. Könige und Kaiser leiteten daraus ihre feudal-absolutistische Macht über das Recht und die Menschen ab. Noch Kaiser Wilhelm II. regierte von Gottes Gnaden und zog für sich daraus den Schluss, dass ihm die Macht, die ihm Gott gegeben habe, nicht durch Parlamente entzogen werden könne.

Und die Kirche hat sich schließlich, wie bereits erwähnt, über mehr als ein Jahrtausend die Interpretationshoheit in der abendländischen Welt bewahrt. Sie hat lange Zeit bis ins 17./18. Jahrhundert die ideelle, geistige Welt in Europa geprägt und weitgehend definiert, was gut und böse ist, wie die Welt als Ganzes auszusehen hat und wie die Beziehungen der Menschen untereinander im Besonderen. Sie definierte die dienende und nahezu rechtlose Rolle der Frau in der von Männern dominierten Welt, sie definierte wie Mann und Frau, ja, welche Menschen überhaupt zusammen leben und sexuelle Beziehungen haben dürfen und wie deren sexuelles Leben auszusehen habe. Sie wollte uns glauben machen, dass der Mensch von Natur aus böse und schlecht sei: *»Als aber der Herr sah, dass der Menschen Bosheit groß war auf Erden und alles Dichten und Trachten ihres Herzens nur böse war immerdar«* (1. Mose 6, 5), oder auch in Matthäus 7,11: *»Wenn nun ihr, die ihr doch böse seid...«.*

Diese pessimistische anthropologische Sichtweise der katholischen Kirche war die Begründung dafür, dass die Menschheit und jeder einzelne Mensch ohne die von der Kirche vorgeschriebenen sittlichen Werte, ohne die strengen kirchlichen Regeln und Gebote und ohne Furcht vor Strafe verrohen würde und unfähig wäre, ein der Krönung der Schöpfung angemessenes Leben zu führen.

Die Kirche nutzte darüber hinaus die existenzielle Furcht des Menschen vor dem Sterben und bot ihm bei Wohlgefallen ein ewiges Leben als Lohn. Der Aspekt des Weiterlebens über den Tod hinaus taucht in allen bekannten Religionen in den unterschiedlichsten Varianten auf und spielt für die menschliche Psyche eine wichtige Rolle, obwohl die Sehnsucht nach dem Weiterleben nach dem Tod im gewissen Sinn natürlich durchaus auch säkular befriedigt werden kann: Indem der Mensch seine Taten, Ideen und Gedanken an andere Menschen weitergibt, überdauern diese Ideen und auch derjenige, der diese Ideen in die Welt gesetzt hat. Unsterblichkeit im Gedächtnis der Nachfahren zu erlangen, war bereits bei Homer und den Griechen der nachfolgenden Jahrhunderte höchstes Ziel und war der Wurzelstock der dauernden geistigen Welt (Geist der den Menschen gegenwärtig bleibt).

Manchmal überdauern die Ideen und ihre Träger sogar über Jahrtausende, wenn sie bedeutend genug für die Menschheit waren, wie Homer selbst und viele andere Philosophen und hervorragende Persönlichkeiten der Geschichte belegen.

Christentum versus Selbstbestimmung

Die Selbst-Bestimmung des Menschen mit der die prinzipiell freie Gestaltung sozialer Beziehungen im Rahmen eines diskursiven Begründungszusammenhangs einhergeht, wird heute von vielen Menschen als selbstverständlich erlebt. Die Hegemonie der christlichen Kirche stand diesen Emanzipationsbestrebungen und der vorurteilsfreien und vernunftgesteuerten Entfaltung und Gestaltung der menschlichen Belange entgegen – und hat die Menschen ihres Einzugsbereichs nahezu zwei Jahrtausende unterdrückt.

Man kann darüber diskutieren, ob der Mensch von Natur aus gut oder schlecht ist. Aber was heute nicht mehr in Frage gestellt werden kann und in demokratischen Staaten entsprechend auch selbstverständliche politische Lebenswirklichkeit sein sollte (Trennung von Kirche und Staat), ist die Tatsache, dass der politische Mensch (zoon politikon) nicht göttlichen Beschlüssen, Handlungsanleitungen oder Gesetzen unterworfen, sondern frei in der Gestaltung seiner Lebenszusammenhänge ist. Er gibt sich selbst in sozialer und politischer Verantwortung Gesetze und Regeln des Zusammenlebens auf der Basis konsensfähiger, diskursiv begründeter Werte und ethischer Leitlinien, die der Wesenheit des Menschen entsprechen, für jeden Menschen eines Gemeinwesens Gültigkeit haben und gleichzeitig die Individualität eines Jeden respektieren.

Europa fußt auf drei wichtigen Fundamenten, nämlich dem römischen Rechtsdenken (Gerechtigkeit ›iusti-

tia‹ und Gesetzesrecht ›ius‹ = Sphäre der Politik und
Verwaltung), der griechischen Philosophie (Logos, Ra-
tionalismus, Autonomie des Menschen = Sphäre des
Geistes) und dem Christentum (Fideismus, christliches
Denken = Sphäre des Glaubens). Wegen des übermächtigen Einflusses der katholischen Kirche auf Politik und
Gesellschaft, und wegen ihres totalitären Glaubenssystems und säkularen Herrschaftsanspruches musste Europa einen langen und dornenvollen, einen mit Religionskriegen gepflasterten Weg zurücklegen. Europa
musste viel Leid ertragen, bis die Hegemonie der Kirche
über das Denken und die Seinsverfassung des Menschen
einem säkularen Denkansatz weichen musste. Einem
Denken, welches die Wesensmerkmale des Menschen in
freier, selbstbestimmter Verantwortung reflektiert und
die grundsätzlichen Orientierungen und Werte aus der
Freiheit des vernunftgeleiteten Menschen ableitet.[61]

---

[61] Vgl. dazu auch in diesem Reader den Essay ›Freiheit und soziale
Verantwortung‹, S. 91ff.

Liebe in Zeiten Benedikts
Sakrale und profane Liebe: Wer bestimmt, was Liebe ist?

Liebe ist ein zentraler Begriff in der katholischen Glaubenslehre. Es lag für den konservativen und in Glaubensfragen reaktionären Papst Benedikt XVI. deshalb auf der Hand, sich in seiner ersten Enzyklika mit dem schillernden und schwer zu greifenden Begriff auseinanderzusetzen.

Das individuelle wie auch das soziale Leben ist im Rahmen der kapitalistischen, neoliberalen Gesellschaftsordnung zunehmend durch selbstsüchtiges Verhalten geprägt.[62] Das, was stabile soziale Beziehungsstrukturen auszeichnet, nämlich die Balance des Zurücknehmens eigener individueller Neigungen zugunsten des anderen auf der einen Seite, sowie die Bewahrung der Individualität auf der anderen Seite, wird immer mehr zugunsten des Auslebens des Ich verschoben. Fürsorge und Karitas werden professionellen Institutionen übertragen und sind aus dem Alltagsleben schon fast verschwunden. Liebe, die wesentlich durch die Aspekte Verantwortung, Respekt und Hinwendung zu dem anderen charakterisiert ist, ist aus dem öffentlichen Le-

---

[62] Vgl. dazu in diesem Reader die Ausführungen zur sozialen Erosion in der kapitalistischen Ökonomie (›Die Erosion des Sozialen‹, S. 151ff.) in dem Essay ›Demokratischer Marktsozialismus‹.

ben weitgehend in die Privatsphäre verdrängt worden. Die dominanten handlungsleitenden Interessen im kapitalistischen System sind Nehmen und Aneignung und nicht ein Geben, welches der Liebe immanent ist. Dies formt die Gesellschaft und auch das Bewusstsein seiner Mitglieder. Im Schlepptau dieses Bewusstseins hat sich eine Ethik des Erfolgs herausgebildet, in der Siegertypen, Macht, Effizienzdenken und ganz allgemein Nehmerqualitäten belohnt und geliebt werden. Erfolglose, Ineffiziente, Schwache und Bedürftige werden ins Abseits gedrängt und entwürdigt.

Ein weiteres entscheidendes Moment verbindet sich mit den vorherrschenden neoliberalen Marktkonzepten: Die Vereinzelung des Menschen. Der Mensch ist Vertragspartner und nicht geachteter, respektierter Mitarbeiter, dem man Hinwendung gewährt, er ist Produktionsfaktor, der sich rentieren muss, und nicht wesentlich Mensch mit all seinen sozialen Bindungen, seiner individuellen Würde und Sehnsucht nach Liebe, Anerkennung und Zuwendung. Das Effizienzprinzip, das darauf basiert, mit einem Minimum an Arbeit, Zeit, Energie und Kapital ein Maximum an Output zu erzielen, beherrscht längst nicht mehr nur die Ökonomie und Erwerbstätigkeit, sondern hat bereits weite Teile des gesellschaftlichen Alltags erreicht.[63] Dort wo es Fuß gefasst hat, degradiert es die Menschen auf das Niveau von Maschinen, für die allein das Prinzip ursprünglich

---

[63] Vgl. dazu: Henning Schramm, Recht auf Ineffizienz, Münster 2005, S. 11 ff.

Anwendung fand. Effizienz entwickelt sich zu einem generellen Wertmaßstab menschlicher Leistung, ja, zu einem Kriterium der Bewertung des Menschen selbst. Der Mensch, der ökonomischen Effizienzkriterien unterworfen ist, mutiert zum frei verfügbaren Marktteilnehmer, der möglichst ohne tiefe soziale Bezüge und ohne starke emotionale Bindungen dem ökonomischen System zu jeder Zeit und an jedem beliebigen Ort zur Verfügung stehen soll. Der Aufbau stabiler und befriedigender sozialer Beziehungen ist unter diesen Gesichtspunkten eher kontraproduktiv. Soziale Erosion und individuelle Orientierungslosigkeit sind die Folge. Das Leben wird unvorhersehbarer und risikoreicher. Alles ist möglich. Damit steigen auch das Gefühl der Unsicherheit und das Angstpotenzial, die Angst vor Versagen und Degradierung, wie auch die Angst vor dem Verlust der Sinnhaftigkeit der eigenen Existenz und der Wesentlichkeit des Lebens.

Ist es dann ein Wunder, wenn spirituell-meditative Organisationen und theistische Konzepte, die Liebe versprechen, an Boden gewinnen? Der Verlust an tatsächlich erlebter, zwischenmenschlicher Liebe wird ersetzt durch spirituelle, theistische Liebe. Hier marschiert mit sicherem Gespür die katholische Kirche vorneweg und versucht den Liebesbegriff für sich zu okkupieren. Sie versucht, verloren gegangene Definitionsmacht, die sie viele Jahrhunderte innegehabt hatte, zurückzugewinnen. Um Gehör zu finden, musste sie allerdings ihren recht verstaubten, traditionellen Liebesbegriff der gelebten

Wirklichkeit etwas anpassen. Insbesondere war sie gezwungen, der Jugend ein glaubwürdiges Angebot zu machen. Diese huldigte auf dem letzten Kirchentag ja nicht nur der göttlichen Liebe, sondern sie gab sich offenbar auch, nimmt man die Zahl der damals in Köln zurück gebliebenen Kondome als Indiz, in beträchtlichem Maß dem Eros, der sexuellen Lust hin.

Mit seinem Rundschreiben hatte Papst Benedikt unter anderem den Versuch einer Rückgewinnung der Jugend zu Beginn des 21. Jahrhundert im Visier, wenn er darin neben der die katholische Kirche bisher dominierende ›christliche Agape‹, die schenkende Liebe, Eros, die begehrende, die begehrliche Liebe, als eine weitere Form der Liebe im katholischen Denken und Handeln zulässt.

Damit bestätigt die katholische Kirche implizit, dass sie bis zur Veröffentlichung des Textes am 25. Januar 2006 offiziell die begehrende, sexuelle Liebe mit *»der Verheißung des Glücks«*[64] zwischen Mann und Frau unterdrückt beziehungsweise als nicht diskussionswürdig erachtet hatte. Der jetzige zaghafte Schritt in Richtung Anerkennung von Eros, den Benedikt als *»Urtypus der Liebe schlechthin«*[65] bezeichnet, wird allerdings nicht der freien – und möglicherweise lustvollen – Interpretation aufgeklärter katholischer Christen überlassen, son-

---

[64] Enzyklika ›Deus Caritas Est‹ in der Online-Fassung des Vatikans, S. 2.
[65] Enzyklika, a.a.O., S. 3.

dern strengen Anforderungen und Rahmenbedingungen unterworfen. Benedikt XVI., Oberhaupt von immerhin über einer Milliarde Katholiken, erlaubt die sexuelle Liebe nur für Mann und Frau, das heißt, homosexuelle Liebesbeziehungen sind wie bisher nicht im Sinn der katholischen Kirche. Eros ist weiterhin fest an die Institution der *»unauflöslichen, monogamen Ehe«* gebunden. Nur so kann sich nach Ansicht Benedikts *»seine innere Weisung«*[66] erfüllen, und auch dann nur, wenn sie von ekstatischen Begleiterscheinungen *»gereinigt«* ist.

Das dürfte manchem katholischen Christen und insbesondere auch manchen katholischen Jugendlichen nicht gerade aus dem Herzen sprechen. Ekstatische, rauschhafte Regungen während des Geschlechtsakts müssen nach Ansicht Benedikts unter Kontrolle gehalten werden. Wie das bei einem Orgasmus bewerkstelligt werden soll und wie sich das mit der Gefühlswelt eines Orgasmus verträgt, darüber schweigt er zwar, aber man darf wohl davon ausgehen, dass auf dem beschriebenen Hintergrund orgiastische Liebe auf ein Mindestmaß zu reduzieren sei, wenn schon der Orgasmus als solcher nicht unterdrückt werden kann und von der katholischen Kirche als naturgegebene Tatsache hingenommen werden muss. Aus Sicht der katholischen Kirche ist die Sexualität des Menschen also weiterhin prekär, muss kanalisiert und der reinigenden Vernunft unterworfen werden. Angesichts der tatsächlichen Verhältnisse in der Welt drückt dies nach wie vor eine doch recht welt-

---

[66] Enzyklika, a.a.O., S. 8.

fremde Gesinnung aus – und sie bleibt lustfeindlich wie bisher.

Um an der kapitalisierten, effizienzorientierten Gesellschaft nicht zu zerbrechen, und die von Oskar Negt beschriebene »Erosionskrise der Gesellschaft«[67] mit der Folge von Marginalisierung und Aussonderung zu stoppen, wäre es zu begrüßen, wenn in Zukunft die sozialpsychologischen Aspekte und Implikationen von Liebe in der Gesellschaft gestärkt werden würden. Insofern greift die Enzyklika mit dem zentralen Begriff der Liebe ein wichtiges Problemfeld unserer Zeit auf und signalisiert Verständnis für die Nöte oder Defizite heutiger Existenzen. Der Papst erhebt auf dieses zentrale Phänomen der Liebe allerdings, wie in vor-aufklärerischen Zeiten, einen Alleinanspruch und führt es allein auf Gott zurück. *»Liebe ist ›göttlich‹, weil sie von Gott kommt«.*[68] Das kann und darf in einer säkularen Gesellschaft nicht unwidersprochen bleiben.

Biologische Theorien erklären das Entstehen eines Liebesgefühls aus der Wiederherstellung eines homöostatischen Gleichgewichts nach einer Störung oder einem Ungleichgewicht. Der Organismus reagiert auf Ungleichgewichte und Störungen des ›Eins-Seins‹ mit Unlustgefühlen und versucht diese Störungen zu beheben. Je besser ihm das gelingt, desto erfolgreicher ist er in der evolutionären Entwicklung. Die gelungene Ho-

---

[67] Oskar Negt, Arbeit und menschliche Würde. Göttingen 2002
[68] Enzyklika, a.a.O., S. 12.

möostase oder Wiedervereinigung löst, gesteuert durch entsprechende physiologisch-chemische Prozesse, ein Gefühl der Zufriedenheit, ein Wohlgefühl oder Glücksgefühl aus. Die biologische Urform des Liebesgefühls ist also eine Belohnung für die Überwindung von Störungen der Einheit oder des Zusammenwirkens eines Organismus. Als Ergebnis seiner Untersuchungen ist der Neurologe Antonio R. Damasio überzeugt, dass *»der fortwährende Versuch, einen Zustand positiv gesteuerten Lebens zu erreichen, ein tief verwurzelter und höchst charakteristischer Teil unserer Existenz ist«*[69].

Nicht-theistische sozialpsychologische Konzepte erklären die Geburt der Liebe aus dem Bewusstsein der Getrenntheit und potenziellen Verlassenheit. Seit der Mensch Bewusstsein von sich selbst hat, entwickelt er auch ein Bewusstsein von Verlust, Absonderung und nicht Eins-mit-sich-Sein. Dies ist eine immerwährende Quelle von Angst. Erich Fromm formuliert das in seinem schon 1979 veröffentlichtem Buch über ›Die Kunst des Liebens‹ folgendermaßen: *»Der Mensch steht der Lösung dieser einen und immer gleichen Frage gegenüber: Der Frage, wie die Getrenntheit überwunden, wie man das eigene individuelle Leben transzendieren und*

---

[69] Antonio S. Damasio, Der Spinoza-Effekt. Wie Gefühle unser Leben bestimmen. München 2003, S. 47.

eins werden kann«[70]. Die Antwort auf diese existenzielle Frage liegt nach Fromm in dem Streben nach zwischenmenschlicher Vereinigung, die durch Liebe möglich wird. Sie dient aber nicht nur der Arterhaltung, sondern ist eine allgemeine schöpferische, aktive Kraft, in der sich das Individuum als einzigartig erfahren und doch eins mit dem anderen sein kann. *»In der Liebe ereignet sich das Paradoxon, das zwei Wesen eins werden und doch zwei bleiben«*[71].

Die erotische Liebe (Eros) ist eine Erscheinungsform neben anderen Liebesbeziehungen wie zum Beispiel Mutter- Vater-, Selbst-, Nächsten- oder Gottesliebe. Eros hebt sich von dem von der katholischen Kirche propagierten Begriff von Eros und den anderen genannten Liebesbegriffen durch zwei Besonderheiten ab. Zum einen ist dies die sexuelle Komponente, also Liebe in Verbindung mit sexueller Lust und sexuellem Verlangen, das nach Vereinigung strebt. Zum anderen ist dies der Ausschließlichkeitscharakter der erotischen Liebe. Sie ist auf eine bestimmte Person gerichtet. Die sexuelle Komponente der erotischen Liebe verlangt nach orgiastischer, leidenschaftlicher Erfüllung. Die soziale Komponente achtet die Einzigartigkeit des anderen. Liebe ist gleichzeitig Nähe und Distanz zum geliebten Menschen,

---

[70] Erich Fromm, Die Kunst des Liebens, Frankfurt 1979, S. 26. Übrigens ist dieser Ansatz nicht weit von dem neuro-biologischen Ansatz von Damasio entfernt, den er natürlich damals noch nicht kennen konnte.

[71] Erich Fromm, ebenda S. 40.

die auf dem Prinzip der wechselseitigen Achtung des *Wesens* des anderen basiert. Liebe bedeutet schöpferische Aktivität, in die sich der Liebende in seiner Totalität einbringt und in der er den anderen im Wesen seines Seins erlebt.

Das Wesen der Liebe impliziert, den geliebten Menschen als *unverwechselbar* und zugleich als *wesensgleich* zu empfinden, dem man mit Respekt, Empathie und Hingabe begegnet. In unserer ökonomisierten Welt, in der zweckrationale Handlungsmuster zur Norm geworden sind, drohen diese wesentlichen Baustoffe für den Aufbau befriedigender sozialer Beziehungen und für die Entwicklung von Selbstbewusstsein zu verkümmern. Dort, wo das Marketing des Ichs zur Perspektive des Handelns wird, gewinnen verkaufsfördernde Äußerlichkeiten an Wert und nicht die Wesentlichkeit des Menschen an sich. Die Lebensbereiche, in denen das Wesen der Liebe nicht nur marginale Bedeutung hat, sind auf der Landkarte des Lebens vom Aussterben bedroht. Liebe ist im öffentlichen Raum weitgehend auf die sexuelle Komponente reduziert und ist als käufliche und konsumierbare Ware den Marktgesetzen unterworfen. Die wahre Liebe in dem hier beschriebenen Sinn ist aus dem öffentlichen Leben verdrängt worden. Kann es sich eine Gesellschaft leisten, *öffentlich* lieblos zu sein?

Freiheit und soziale Verantwortung
Glauben und Vernunft im Spannungsfeld kirchlicher und weltlicher Macht in Europa

Unter dem Eindruck der Eroberung Roms durch den Hunnen Alerich (410 n. Chr.) hat Augustinus (354-430 n. Chr.), der überaus einflussreiche Religionsführer, sein Buch ›civitas dei‹, der Gottesstaat, geschrieben. Anders als im oströmischen Reich, wo die Kirche dem Staat unterworfen ist und unter dem Schutz des Staates steht, wird darin die ›civitas dei‹, die römische Kirche, die geistige und geistliche Macht, der ›civitas terrena‹, der weltlichen Macht, gleichrangig gegenüber gestellt. Seit dieser Zeit herrscht ein Patt im weströmischen Reich. Rom, Hauptstadt der Kirche, kann nur als christliches Rom überdauern, so Augustinus. Mit diesem Argument rechtfertigt er die Herrschaft der Kirche über den weltlichen Staat Rom, der nur so erhalten werden kann. Bis zum heutigen Tag hat dieses Dictum in Rom überdauert.

Die Folgen von Augustinus' Gedanken der Gleichrangigkeit von weltlicher und geistlicher Macht, wie auch seine christliche Glaubenslehre[72] bestimmten we-

---

[72] Kernpunkte: Merkmale eines ›guten Christen‹ (Fähigkeit zu sittlichem Handeln, er ist als Individuum in die Freiheit gesetzt); das Verhältnis von Gott und Mensch (der Mensch ist nur frei in Bezug auf die irdische Welt, nicht aber in Bezug auf Gott. In die Allmacht Gottes kann der Mensch nicht eingreifen, Gott ist frei darin, wem er Gnade gewährt und wem nicht); der Zusammenhang von Glauben und Wissen/Vernunft; der Gehalt von Glaubenssätzen (sie bedürfen der Interpretation); Gott (Einheit in der Trinität).

sentlich in den nächsten über tausend Jahren das abendländische Geschehen.

Erst mit der Aufklärung im 18. Jahrhundert beginnen die Menschen in Europa neu über Gott nachzudenken und sich von dem starren Glaubenssystem der christlichen, insbesondere der katholischen Kirche allmählich zu emanzipieren und religiöse Wert- und Normsysteme und die damit einhergehenden Einflüsse auf das Handeln der Menschen, grundsätzlich öffentlich zu diskutieren und zu hinterfragen.

Was die Menschen des abendländischen Kulturkreises über sich selbst denken, wie sie die Welt wahrnehmen und wie sie ihre Welt ökonomisch und sozial geordnet haben, ist ohne eine rückblickende Reflexion über das christliche Glaubenssystem wie auch die geistigen Auseinandersetzungen im Spannungsfeld von Wissen und Glauben, von Philosophie und Theologie unvollständig.

Was hatte sich also in Europa ereignet, dass es diesem Teil der Welt gelang, Werte wie Selbstbestimmung und individuelle Freiheitsrechte, die Unantastbarkeit der Menschenwürde und Individualität gesellschaftlich durchzusetzen, einem säkularen Legitimitätsprinzip zu unterwerfen und demokratisch zu kodifizieren? Welche Anhaltspunkte liefert die europäische Geschichte in Bezug auf die heute beobachtbare extreme Ökonomisierung der Gesellschaft, die soziale Erosion durch den real existierenden Markt- und Finanzkapitalismus?

Zum Verhältnis von Staat und Kirche in Europa

Die Auseinandersetzung über Fragen der Welt, der Religion und Philosophie konzentrierte sich im Römischen Reich auf wenige Orte und das Christentum war im Wesentlichen eine Religion der Stadtkultur. Jenseits des Limes wurden grundlegende religiöse und philosophische Fragen kaum diskutiert und überlagerten nur geringfügig die täglich zu verrichtende Arbeit.

Dies änderte sich als eine neue Institution auf den Plan trat, die typisch für die weströmische Christenheit wurde, die Klöster. Schon im sechsten Jahrhundert schuf Benedikt von Nursia mit seinen Regeln die Basis für das abendländische Mönchtum und das Kloster. Er forderte Gehorsamkeit, Keuschheit und Armut und machte Schluss mit dem Betteln. Er forderte stattdessen, dass die Mönche nicht nur Beten sondern auch arbeiten sollen (›ora et labora‹). Er legte den Grundstein für die Klosterwirtschaft, die sich als gut geführte landwirtschaftliche Lehrbetriebe über ganz Europa ausbreiteten und ein enges Netzwerk untereinander bildeten, von dem die Landbevölkerung profitieren konnte. Bald kamen Bibliotheken, systematische Pflege der Wissenschaft, Einrichtungen von Leseschulen für freie und unfreie Stände und Klosterschulen, hinzu. Dies hatte eine prägende Kraft auf die Bildungsidee in Europa und führte zu einem europaweiten Austausch von Wissen und zu regen Diskussionen über philosophische und Glaubensfragen.

Während es in den islamischen Ländern im dreizehnten Jahrhundert unter dem Druck der Orthodoxie zu einem Abbruch der Philosophie und argumentierenden Theologie kam, entwickelte sich im christlichen Abendland just zu dieser Zeit eine einzigartige Institution: die Universität.[73] Die große Zahl von Universitätsgründungen im dreizehnten Jahrhundert erstreckte sich über ganz Europa von Paris[74] über Oxford bis Sevilla und Padua, um nur einige wenige zu nennen.

Sie fielen zusammen mit einer enormen Verschärfung der Situation von Papsttum und Glaubensfragen insgesamt. Wurden bisher Häretiker weithin unblutig bestraft – und Heiden und Juden weitgehend toleriert –, so erhöhten die Kreuzzüge die Gewaltbereitschaft und Militarisierung der Kirche, insbesondere gegenüber Nichtgläubigen und Juden, beträchtlich.

Als die Katarer in Südfrankreich bei der Ortschaft Albi (Albigenser-Krieg 1209-1229) eine eigene Kirche bilden wollten, die sich bewusst auch gegen die prunkvoll lebenden und mit weltliche Pfründen ausgestatteten Kirchenfürsten richtete, sah sich die katholische Kirche in ihrem Bestand bedroht und verfolgte in Zusammenarbeit mit den weltlichen Herrschern in zunehmendem Maße unbarmherzig und gewalttätig Ketzer, Hexen und sonstige Glaubensabtrünnige.

In dieser Zeit, als der uneingeschränkte kirchliche Machtanspruch in Glaubensfragen brüchig zu werden

---

[73] Vgl. dazu Richard Schröder in: Der Spiegel 4/2002
[74] Paris war die erste Universitätsgründung im Jahr 1200.

begann und die Auseinandersetzung über das, was als
wahr oder unwahr zu gelten habe, immer blutiger ausge-
fochten wurde, bildeten die Universitäten eine Heimstatt
des geistigen Wettstreits und der Disputation. Sie standen, und das ist das Einzigartige, nicht nur der weltlichen und geistlichen Elite offen, sondern prinzipiell allen, auch den Nichtprivilegierten. Die Universitäten
standen unter dem Schutz von Papst und Kaiser und
konnten sich ohne Einfluss der jeweils örtlichen Mächte
und Warlords entfalten – das war der Anfang unserer
heutigen Hochschulautonomie und Forschungsfreiheit.

Im Rahmen der scholastischen Methode wurde in
den Universitäten eine Diskussionsform etabliert, wie
über Streitfragen des grundsätzlichen Verständnisses
des Menschen und der christlichen Glaubenslehre zu
diskutieren sei. Es war damals zwar nicht möglich, die
Existenz Gottes direkt zu kritisieren oder gar zu leug-
nen, aber es war erlaubt, uneingeschränkt Thesen und
Gegenthesen über die Existenz Gottes zu formulieren,
und Beweise und Gegenbeweise, die dann wiederum
widerlegt werden mussten, in den Disput einzubauen.[75]

Die Förderung der Freiheit der Gedanken und Ge-
dankenexperimente in den Universitäten in Form von
Thesen, Hypothesen, Gegenthesen, Synthesen und wi-
derspruchsfreie Beweisführung haben Freiräume geöff-
net, die einen Nährboden für eine große Zahl philoso-

---

[75] Eines dieser ›spitzfindigen‹ Problemfragen wäre zum Beispiel:
kann Gott auf Grund seiner Allwissenheit einen Behälter schaffen,
von dem er nicht weiß, was drinnen ist?

phischer Fragen zu Gott, Vernunft und Glaube und die existenziellen Bedingungen des Menschen, wie auch für die experimentelle Naturwissenschaft geschaffen haben. Aus dieser Art der Erkenntnisgewinnung wurde auch die große, damals heftig diskutierte, philosophische Frage, ob die Universalien, also real existierenden geistige Wesenheiten oder allgemeinen Ideen (also auch die Idee Gottes) der Entstehung der Einzeldinge vorausgehen, oder ob umgekehrt das Allgemeine sich aus dem Einzelnen, dem Besonderen ableitet. In diesem sogenannten Universalismusstreit[76] setzten sich letztendlich die Nominalisten durch, die die Existenz von Universalien vor und außerhalb der Dinge ablehnten und den Ursprung im Einzelnen, im Individuellen sahen. Ihre These: die Realität der Welt ist die Existenz einzelner individueller Dinge mit je eigenen individuellen Qualitäten und erst die synthetische Betrachtung dieser Einzelheiten führt zum begrifflich Allgemeinen, zur Idee.

War in den bestehenden Gesellschaftsordnungen des Mittelalters dem einzelnen Menschen bisher ein von seinem Willen völlig unabhängiger Platz zugewiesen worden, haben Vertreter des Nominalismus um Wilhelm von Ockam die Rolle des einzelnen Menschen im Zeitgeschehen betont, seine selbständige Aktivität, seinen individuellen Willen. Dies kam einer kleinen Revolution in dem damaligen streng hierarchisch geordneten Beziehungen der Feudalgesellschaft gleich, wo für den

---

[76] Universalienstreit, der sich vom 12. bis ins 14. Jahrhundert erstreckte.

Menschen als Individuum kein Raum war, und der Mensch eher Objekt als Subjekt. Erstmals in der mittelalterlichen Philosophie wurde über den Menschen diskutiert, der sich seiner selbst bewusst ist, der der Natur nicht mehr schicksalhaft gegenüber steht, sondern diese durch seine Willenshandlungen zu beeinflussen vermag.

Der Disput hatte weitreichende Konsequenzen für die europäische Kultur und mündet schließlich in die humanistische Bildungsidee des Erasmus von Rotterdam.[77] Dieses neue Menschenbild beinhaltet eine veränderte Naturauffassung, der die Mehrzahl der bedeutenden Naturphilosophen des ausgehenden Mittelalters und der beginnenden Neuzeit zuneigte und Grundlage eines europäischen Menschenbildes wurde, das in der Neuzeit voll zur Entfaltung gekommen ist: der Vorrang des Individuums, des Individuellen und Privaten vor der Gemeinschaft, wie das zum Beispiel in dem Markt mit einzelnen, konkurrierender Marktteilnehmern und dem privatwirtschaftlich organisierten Kapitalismus zum Tragen kommt.

Neben dieser kulturell-geistigen Ebene ist auf der politischen Ebene der bereits angesprochene Dualismus von Kirche und weltlicher Macht als eine Besonderheit der christlich europäischen Entwicklung hervorzuheben. Die Sphären der weltlichen und kirchlichen Machtberei-

---

[77] »Homines non nascentur sed figuritur« (Das, was Menschlichkeit ausmacht, das was der Mensch ist, ist er durch Erziehung und Bildung, nicht durch Geburt)

che wurden seit Augustinus prinzipiell akzeptiert (»Gebt dem Kaiser, was des Kaisers ist, und Gott, was Gottes ist«) und die Dominanzbestrebungen des einen oder anderen austariert, natürlich auch mit militärischen Mitteln. Die weltliche Macht wurde durch die biblische Botschaft, dass der Gehorsam vor Gott Vorrang vor dem Gehorsam vor Menschen hat, in ihrem absolutistisch Anspruch in ihre Schranken gewiesen, wie auch das Bibelwort »Gebt dem Kaiser, was des Kaisers ist« eine Absage an die Theokratie war.[78]

Im Zusammenhang mit der Entwicklung weltlicher, politischer Macht ist neben diesem Dualismus als ein weiteres spezifisch europäisch politisches Merkmal die schon früh sich entwickelnde Stadtkultur und deren relative Freiheiten, garantiert zum Beispiel durch die Reichsunmittelbarkeit der Reichsstädte (»Stadtluft macht frei«), zu nennen.

Diese skizzierte geistige, kulturelle und politische Landschaft bildete den Humus für die großen naturwissenschaftlichen und philosophisch-geistigen Leistungen und Theorien der Aufklärung, die für Geistesfreiheit warben, und die die Eigenverantwortlichkeit und den freien Willen des Individuums in den Vordergrund der geistig politischen Auseinandersetzung schoben.

---

[78] Dies unterscheidet die christliche Welt zum Beispiel von der Islamischen, in der die weltliche und religiöse Herrschaft verzahnt war und ist.

Einer der ersten, der gegen Machtmissbrauch und Dogmatismus der katholischen Kirche stritt, war der europäische Humanist Erasmus von Rotterdam, eine zentrale Figur des kulturellen Europas im sechszehnten Jahrhundert.

Ein hervorragender Vertreter der naturwissenschaftlichen Disziplin dieses Jahrhunderts war Nikolaus Kopernikus. Dessen Hauptwerk *De Revolutionibus Orbium Coelestium* (Über die Kreisbewegungen der Weltkörper), das 1530 fertig, aber erst nach seinem Tod im Jahr 1543 veröffentlicht wurde, leitete einen Paradigmenwechsel des damals vorherrschenden geozentrischen zum helio- oder kosmozentrischen Weltbild ein.

Galt bisher die Erde als Mittelpunkt des Universums, und die feste Überzeugung, dass sich die Sonne um die Erde dreht, zeigte Kopernikus' Theorie, dass dem nicht so war, sondern dass sich im Gegenteil die Erde und die Planeten um die Sonne drehten. Die Infragestellung des von der Kirche vehement verteidigten Geozentrismus traf einen zentralen Nerv der katholischen Kirche, da er die Stellung des Menschen insgesamt relativierte und eine Vielzahl von Universen denkbar machte. *»Dieser Gedanke war für die Kirche unerträglich, denn zahllose Universen würden zahlloser Jesus-Christus–Gestalten bedürfen, die im Unendlichen ihr Lösungswerk zu vollbringen hätten. Damit aber wäre das Dogma der Einmaligkeit Jesu hinfällig und die Kirche ihres unumschränkten Anspruchs beraubt, für das allgemeine Seelenheil zu sorgen«*, so der Nobelpreisträger Iya Prigogine[79]. Der Gedankengang des Nobelpreisträgers blieb für ihn ohne Folgen, hätte er ihn ein paar Jahrhunderte früher geäußert, hatten solche Äußerungen sein Todesurteil bedeutet, wie bei dem Philosophen Giordano Bruno, der, weil er seine Thesen von der Unendlichkeit des Universums nicht widerrief, am 17. Februar 1600 auf dem Scheiterhaufen am Campo de' Fiori in Rom verbrannt wurde. Noch hatte in dieser Zeit die Kirche die Macht, *ihre* Sichtweise der Welt durchzusetzen und sie den Menschen vorzuschreiben. Zwischen 1543 und 1600 gab es gerade mal zehn Anhänger der kopernikanischen Theorie, darunter Galilei und der deutsche Astronom Johannes Kepler.

Die Anhänger der kopernikanische Theorie wurden insbesondere im Zuge der Kirchenprozesse gegen Galilei (1633) massiv unterdrückt, wie sich auch insgesamt die katholische Kirche radikalisierte und Inquisition und Hexenverfolgungen, die nach neuesten Schätzungen zwischen dem dreizehnten und achtzehnten Jahrhundert insgesamt zweihunderttausend Opfer forderten, jetzt ihren Höhepunkt erreichten und der verheerendste Religionskrieg aller Zeiten dreißig Jahre lang in Europa und hier insbesondere auf deutschen Gebieten wütete und die Bevölkerung in Deutschland von damals ungefähr siebzehn Millionen auf etwa acht Millionen, so die Schätzungen, halbierte.

---

[79] Frankfurter Rundschau vom 5.2.2002

Säkularisierung und die Freiheit des Menschen

Es dauerte nahezu zwei Jahrhunderte bis sich das kopernikanisch-kosmozentrische Weltbild im Zuge der Aufklärung und der neuen naturwissenschaftlichen Erkenntnisse – wie zum Beispiel der von Isaak Newton entwickelten Himmelsmechanik – allmählich durchsetzte. Im Zentrum der Aufklärungsphilosophie des achtzehnten Jahrhunderts in Europa stand der Glaube an die Kraft des menschlichen Geistes und der Selbstbestimmung des Menschen, der die bis dahin vorherrschende mystisch-spekulative Tradition ablöste. Traditionelle Werte, Normen, Institutionen und die gesellschaftliche Verfasstheit insgesamt wurden in Frage gestellt und ihre Legitimation rationalen Kriterien unterworfen.

Den Menschen aus der Unmündigkeit herauszuführen, indem er sich seines Verstandes ohne die Hilfe eines anderen bedient, so definierte der deutsche Philosoph Immanuel Kant das Ziel der Aufklärung. Der denkende Mensch, der erst durch den Gebrauch seines Verstandes zum Individuum wird (»*Cogito ergo sum*«, Descartes), rückte in den Vordergrund des philosophischen Interesses. Es scheint so, dass die geistig-kulturelle Evolution des *Menschen*, die sich, wie Neurowissenschaftler wie Damasio gezeigt haben, in erster Linie in der Evolution des menschlichen Gehirns widerspiegelt, hier ihre ersten durchschlagenden Früchte trug und die geistigen Freiheiten der menschlichen Art sich voll zu entfalten begannen. Habe Mut, dich deines Verstandes zu bedienen, wurde zum Leitspruch der Epoche.

Diese neue Rationalität durchdrang alle gesellschaftlichen Bereiche und bezog die Kritik des absolutistischen Herrschaftssystems und dessen absoluten Herrschaftsanspruchs über Menschen ebenso ein wie die Kritik an der irrationalen Macht der Kirche, die mit ihren Denkfiguren und moralischen Standards bis dahin die öffentliche Debatte zu dominierten.

Die Freiheit, die Selbstverwirklichung, das Glück, das Gelingen und Gedeihen der Lebensführung, die Verwirklichung des guten Lebens (Eudaimonia), welche schon Aristoteles in den Mittelpunkt seiner praktischen Philosophie stellte, wurden unter den gegebenen politischen Verhältnissen neu debattiert. Was bedeutet Glück, was bedeutet gutes Leben, wie weit reicht die Freiheit des Einzelnen, wodurch wird sie begrenzt, wie kann sie verwirklicht und gefördert werden, sowohl auf wirtschaftlicher als auch politischer Ebene? Alles wurde auf den Prüfstand gestellt und musste sich legitimieren, die Staatsformen, bisher eherne Standesregeln und gesellschaftliche Werte, der Adel genauso wie der Klerus.

Es blieb jedoch in diesem aufregenden Zeitalter nicht bei theoretischen Überlegungen. Die Ideen und Theorien mündeten auch in praktisches Handeln. Die Hinwendung zum Menschen und seinen Lebensbedingungen, die Durchleuchtung dessen, was Menschsein bedeutet und was die Entfaltung des Individuums beschränkt, fand Eingang in die Politik und führte zu großen politischen Umwälzungen in Europa und den USA.

Die Kirche wurde zunehmend in ihre eigentlichen Aufgabenbereiche, die Seelsorge und Fürsorge für die Menschen, zurückgedrängt und büßte an weltlicher Macht und direktem Einfluss ein.

So verlor zu Zeiten der Aufklärung die Kirche große Teile ihrer Güter und ihres Besitzstandes. Kaiser Joseph löste 1782 über siebenhundert Klöster in den österreichisch-habsburgischen Ländern auf. Im Zuge der Französischen Revolution wandelte die Nationalversammlung 1789 den gesamten französischen Kirchenbesitz in Nationaleigentum um. Die Eintreibung des Zehnt, der der Kirche zur Unterhaltung ihres wachsenden Klerus seit dem sechsten Jahrhundert zustand, und der eine der wichtigsten Einnahmequelle der Kirche war, fand ihr Ende mit der Französischen Revolution und der deutschen Bauernbefreiung im neunzehnten Jahrhundert.

Im Heiligen Römischen Reich Deutscher Nation wurden 1803 durch Reichsdeputationsbeschluss vier Erzbistümer, achtzehn Bistümer und etwa dreihundert Stifte, Klöster und Abteien säkularisiert. Davon profitierten vor allem das aufstrebende Bürgertum, die Manufakturbesitzer und Kaufleute, die zu günstigen Preisen wertvollen Kirchenbesitz erwerben konnten.

Nicht, dass die Menschen in der Zeit der Aufklärung weniger glaubten als früher, aber der Glaube wurde teilweise privatisiert und verlor an Deutungsmacht über das, was wahr und falsch ist und was gutes Leben bedeutete. Im Krieg gegen die Gesinnungspolizei der Kirche neigte sich die Waage den weltlichen Kombattanten zu.

Dass der Kampf um die Deutungshoheit aber immer noch fortwährt, zeigt sich zum Beispiel an der Äußerung des Fuldaer Bischofs Heinz Joseph Algermissen, der in seiner Predigt am 9. Juni 2002 vor fast zwanzigtausend Gläubigen noch eindringlich dazu aufrief, in Familien und vor Kindern *Gott nicht tot zu schweigen*«, den dadurch würden sie um die Kraft durch Christus betrogen und man enthalte ihnen das *Wesentlichste im Leben* vor. Die Kirche übt also nach wie vor psychischen Druck auf die Menschen aus und versucht zu definieren, was das Wesentliche ist.

Trotz all der Umwälzungen in den letzten drei Jahrhunderten und dem Niedergang des weltlichen Einflusses und sakraler Deutungsmacht der Kirche, ist unbestritten, dass viele Werte der christlichen Kirche überdauerten und den Grundstock dessen bildeten, was wir heute in der europäischen Wertegemeinschaft als wichtig und wertvoll betrachten. Hier sind beispielhaft vier Pfeiler zu nennen:

- Die Selbstzweckhaftigkeit des Lebens und die Würde des Menschen.
- Die Einzigartigkeit des Lebens und Individualität.
- Die Gleichwertigkeit der Menschen.
- Die Mitmenschlichkeit, wie Nächstenliebe, Achtung und Respekt vor dem Mitmenschen, Schutz und Hilfe von Minderheiten, Solidarität und soziale Gerechtigkeit.

Auf politischer Ebene wurde die Richtschnur des Handelns das *Recht*, vor dem jeder Mensch prinzipiell gleich war. Die Freiheit des Handelns wurde durch das Rechtssystem und Legitimitätsprinzip begrenzt und gelenkt. Dies schlug sich erstmals nieder in der Verfassung der Vereinigten Staaten von Amerika, in der den individuellen Freiheitsrechten eine hohe Priorität eingeräumt wurde. Aber auch in der Französischen Revolution, die die Gleichheit eines jeden Bürgers vor dem Gesetz garantierte.

Verstand und Gefühl: Das moderne Bild des Menschen zwischen Vernunft und Poesie

Seins-Dimensionen können prinzipiell unter zwei Blickwinkeln beschrieben werden, dem naturwissenschaftlichen oder philosophisch-poetischen. Der eine Blickwinkel stützt sich auf objektives Denken, der andere auf einer eher subjektiven, spekulativ-intentionalen Dimension des Denkens, einschließlich religiöser Denkweisen und damit korrespondierend: logisch-experimentelle und empirisch-phänomenale versus logisch-spekulative und poetisch-metaphysische Betrachtungsweisen des Menschen.

Das wissenschaftliche Bild vom Menschen ist beschreibbar mit Begrifflichkeiten aus der Physik, der Neurophysiologie und Evolutionstheorie, demgegenüber lässt sich das philosophisch-poetische Bild des Menschen eher in Bildern von Gefühl, Erleben, Initiative,

Gedankenexperiment, des In-der-Welt-Zurechtfindens, des Fehler-Machen-Könnens, des moralischen Empfindens ausdrücken. Mit wissenschaftlichem, rationalem Denken und mit Vernunft allein kann die Welt (und insbesondere die soziale Lebenswelt) nicht in all seinen verwinkelten Facetten und differenzierten Erscheinungen erfasst werden. Es bedarf der personalen Komponente der Weltsicht, in der Sehnsüchte, Leidenschaften und Ängste artikuliert werden können.

In den letzten Jahrhunderten hat die westliche Welt zwei große Revolutionen der Weltsicht erlebt. Kopernikus hatte, wie gezeigt wurde, zu Beginn der Neuzeit das geozentrische Weltbild und Darwin hatte am Anfang des industriellen Zeitalters die anthropozentrische Perspektive revolutioniert. Dank der Evolutionstheorie und kraft unseres objektiven, wissenschaftlichen Denkens sind wir heute in der Lage, viele Aspekte der Natur und Naturvorgänge zu verstehen. Wenn es nach der Kirche gegangen wäre, hätte sich der Mensch nicht mit der Durchdringung des unendlich Großen (Makrokosmos), des unendlich Kleinen (Mikrokosmos) und des unendlich Komplexen (Mensch) in dieser Intensität zu befassen brauchen, und wir würden uns heute immer noch in einem mittelalterlich-religiösen Dämmerzustand befinden.

Zusammen mit der Aufklärung und der Dominanz der objektiven, wissenschaftlichen Denkweisen führte das zu der Säkularisierung der westlichen Welt. Die religiösen Empfindungen, Lebensformen und Glaubenswahrheiten, die Jahrtausende die Weltperspektive geprägt hatten, sind damit natürlich nicht erloschen, sondern existieren als sakrale parallel zu den profanen Lebensformen und Denkweisen weiter. Aber die sakralen Elemente müssen sich nun in der säkularisierten Gesellschaft rechtfertigen. Sie müssen gegenüber Nichtgläubigen nicht-religiös fundierte Begründungen liefern, wenn sie gesellschaftliche Relevanz und Commonsense erlangen wollen.

Bei Fragen der Genforschung zum Beispiel reicht es nicht mehr, zu argumentieren, dass der Mensch nicht in die *Schöpfung Gottes* eingreifen darf. Vielmehr müssen Gründe dargebracht werden, die auch vor nichtgläubigen, nichtreligiösen Menschen bestehen können, die vernünftig und evident sind, um in einer demokratisch verfassten Gesellschaft die Zustimmung von Mehrheiten zu bekommen. Unbestritten ist die religiöse Herkunft vieler unserer moralischen und ethischen Grundlagen. Sie müssen aber heute übersetzt werden in eine säkulare Sprache, in eine Sprache, die dem Commonsense zugänglich ist.

Commonsense ergibt sich aber nicht aus einer beobachtenden, quasi wissenschaftlich-objektiven Haltung heraus, sondern aus einer teilnehmenden Perspektive – ich generiere das Gemeinsame mit dem *Du*, indem ich als handlungsfähiges Subjekt dem Du gegenüber trete und initiativ werde. Die Handlungsinitiativen müssen im Zweifelsfall immer auch gerechtfertigt werden können. Hier hilft die naturwissenschaftliche Beobachterperspektive allein nicht weiter. Der Mensch muss sich auf die Teilnehmerperspektive einlassen. Commonsense ist mit sozialer Bewusstheit verbunden, mit Personen, die Begründungen für ihr Verhalten geben können, die aber auch Fehler machen können und sich korrigieren dürfen. Commonsense ist mit der Perspektive des anderen verknüpft. Das heißt, nicht nur die religiöse Seite muss sich in die säkularen Begründungszusammenhänge einfügen, sondern auch die säkulare Seite muss sich ein Gefühl für das Religiöse bewahren, um dessen sakrale Sprache in profane Sprache übersetzen können.

Was aber ist das Religiöse? Man könnte Religion allgemein beschreiben als die Begegnung mit dem Heiligen, das zwei wichtige Aspekte impliziert: Im weitesten Sinne impliziert es etwas Ganzes[80], ein Umgreifendes, wie das Karl Jaspers nennen würde. Etwas, was wir (noch) nicht begreifen, was wir (noch) nicht wissen. Und es ist etwas *Unverfügbares,* auf das wir keinen Zugriff haben, das wir nicht beeinflussen können.

Die Menschen haben diese Welt des Nicht-Wissens, die Ängste und Unsicherheit hervorruft, auf Gott, Götter oder Gottwelten projiziert und teilweise sogar Verantwortungen dorthin delegiert. Diese Gottwelten koppelten sich von dem menschlichen Bewusstsein ab und führten eine Art eigenständiges Dasein.[81] Manches von dem Nicht-Wissen ist durch die Wissenschaft dem Wissen zugänglich gemacht und dadurch dem Göttlichen,

---

[80] In heilig steckt *heil* = ganz, beziehungsweise im Englischen: *whole* in holy.

[81] Vgl. dazu den Essay in diesem Band: ›Glaube, Mythos, Christentum‹

dem Heiligen entzogen worden. Vieles wissen wir auch heute nicht und dies Nichtgewusste lebt in Mythen, Gottwelten und Poesie als Bild, Symbol oder als bloße Möglichkeit weiter.

Zum Menschsein gehört mythisches und mystisches Empfinden, ein Empfinden von Ehrfurcht vor einem Unverfügbaren, einem Umgreifenden, wie zum Beispiel dem Universum, das sich unserem Wissen entzieht. Ein Gefühl, das den Menschen, wenn er dem Unfassbaren, dem Wunderbaren gegenüber steht, ergreifen und fesseln kann. Zum Menschsein gehört also das Unverfügbare und Wunderbare. Der Mensch muss sich dem Nicht-Wissen stellen. Um Ehrfurcht zu entwickeln und zum Beispiel Angst vor der Welt des Ungewussten zu mildern, braucht es keine Konstruktionen von Gott oder Götter, sondern sehr viel mehr selbstreflexive Ehrlichkeit und eine Portion Mut, die verborgenen Impulse des ›limbischen Systems‹ (in dem sich die Gefühlswelten bilden) an die Oberfläche treten zu lassen. *»Wenn du es nicht fühlst, wirst du es nicht erjagen«*, sagte Goethe treffend. Es braucht ein *›lassendes Denken‹*, ein Denken, das sich von den Dingen etwas sagen lässt, ein Denken, durch das Chiffren, Codes wahrgenommen werden können. Wir fühlen, bevor wir denken. Damasio, von dem dieser Satz stammt, zeigt in seinem Buch, in welchem Umfang der Mensch von Gefühlen geleitet ist und wie stark der Mensch seine Welt und sich selbst in

Form von Bildern wahrnimmt, die gefühlt werden und im Gehirn keine Verbalisierung erfahren. [82]

Poetik zum Beispiel ist in der Lage, eine solche Unverfügbarkeit, umgreifende Einzigartigkeit und Subjektivität auszudrücken, zu spiegeln. Die Personen eines Romans etwa haben Intentionen und Gründe dieses zu tun oder zu lassen. Und sie machen Fehler, sie sind nicht allwissend (nicht göttlich). Sie sind *nicht* unverfügbar, sondern werden von außenstehenden physischen, psychischen und sozialen Mächten bedrängt. Objektives, wissenschaftliches Denken steht hier nicht im Vordergrund der Ereignisse, sondern das subjektive Denken der handelnden Personen, deren nachvollziehbaren Fehlschläge, Missgeschicke und Schicksale wie auch deren Verhalten in diesem Beziehungsgeflecht. *»Wenn man beschreibt, wie eine Person etwas getan hat, was sie nicht gewollt hat und was sie nicht hätte tun sollen, dann beschreibt man sie – aber eben nicht so wie ein naturwissenschaftliches Objekt.«* [83]

---

[82] Antonio R. Damasio, Der Spinoza-Effekt. Wie Gefühle unser Leben bestimmen, München 2003. Da die Teile des Gehirns, die die Inhalte der Bilder oder Images ‚fühlen' – das Zwischenhirn und zum Teil das Stammhirn – sehr alt sind, können sie kaum von der Sprachkultur beeinflusst sein. Die Kommunikation mit der Welt, die der Mensch als erstes gelernt hat, besteht aus dem ganzheitlichen Erfassen und Verstehen in Bildern. Im zwischenmenschlichen Bereich ist es der Ausdruck (Senden) und das Verstehen (Empfangen) von Körpersprache oder Habitus, Mimik und Gestik seiner Artgenossen.

[83] Jürgen Habermas, in: Glauben und Wissen, Rede anlässlich der Verleihung des Friedenspreises des deutschen Buchhandels 2001.

Wissenschaftler, Philosophen, Poeten und Theologen, die sich mit dem Menschensein heute beschäftigen und das Wesen, das Besondere und Allgemeine des Menschen ergründen wollen, ist die Aufgabe gestellt, das Umgreifende, das Unverfügbare, die Essenz des Menschlichen und des Menschengeschlecht (auch im archetypischen Sinn) sichtbar zu machen. Dies kann nur gelingen, wenn sowohl die objektiv-wissenschaftlichen wie auch die subjektiv-poetischen Dimensionen des menschlichen Seins Berücksichtigung finden.

Demokratischer Marktsozialismus (DMS)

Die Finanzkrise und Ansätze einer sozialen Ökonomie

Das immer schon gegebene Spannungsverhältnis zwischen Demokratie und Kapitalismus ist wegen der ungelösten Weltfinanzkrise und der dadurch ausgelösten Schuldenkrise in Europa einer kaum mehr handhabbaren Zerreißprobe ausgesetzt. *»Die Systemimperative des verwilderten Finanzkapitalismus, den die Politiker selbst erst von der Leine der Realökonomie entbunden haben, und die Klagen über das uneingelöste Versprechen sozialer Gerechtigkeit, die ihnen aus den zerberstenden Lebenswelten ihrer demokratischen Wählerschaft entgegenschallen«*, driften krisenhaft auseinander, so Jürgen Habermas[84]. Oder ist die Demokratie mit Blick auf die aktuellen Geschehnisse in Griechenland schon am Ende? Können die Profit- und Renditeerwartungen der Eigentümer an Kapital und die Erwartungen der Wähler an die Politik noch unter einen Hut gebracht und demokratisch gelöst werden?

Es besteht in der gegenwärtigen Finanz- und Schuldenkrise die akute Gefahr, dass der Wähler, der europäische Bürger, zum bloßen Zuschauer wirtschaftspolitischer Aktivitäten der Staaten degradiert wird. Die Tendenz der politischen Elite, wenn sie erst einmal gewählt

---

[84] Jürgen Habermas: Rettet die Würde der Demokratie. In: Faz.Net vom 14.11. 2011

ist, sich möglichst wenig von ihren Wählern dazwischenreden zu lassen, verstärkt sich in Krisenzeiten. Die Politiker, wegen notwendiger schneller Entscheidungen unter Zeitdruck und wegen der komplexen und fachliche Kompetenz erfordernden Materie auf Expertenwissen angewiesen, neigen in solchen Zeiten dazu, sich eher auf Expertengremien als auf die Parlamente zu stützen. Wer aber den Experten die Macht in die Hände gibt, so Hegel und auch Slavoj Zizek, votiert für den Totalitarismus.[85] Besonders große Skepsis scheint die Politikerelite der EU, insbesondere Deutschland und Frankreich, gegenüber der Meinung des Volkes zu haben, wie das die barsche Zurückweisung des Vorschlags des griechischen Ministerpräsidenten Papandreou, ein Referendum des griechischen Volkes zu den Auflagen der Troika aus EU, Weltwährungsfonds und Europäischer Zentralbank durchzuführen, gezeigt hat. Aber ist das Volk wirklich so dumm, dass es nicht auszudrücken vermag, was in seinem Interesse ist, nämlich dass es im Hinblick auf Einkommensverteilung, Lebensqualität und -standard, sozialer und wirtschaftlicher Sicherheit und ökologischer Fragen einigermaßen gerecht zugeht?

Es wäre das Ende der Demokratie, wenn das Misstrauen der Politik gegenüber dem eigenen Wähler weiter um sich greifen und das Wahlvolk das Vertrauen in die Politikerelite verlieren würde. Um dies zu verhindern, darf die Politik ihre Entscheidungen nur unter Berück-

---

[85] Vgl. dazu Slavoj Zizek in einem Interview in der Frankfurter Rundschau vom 23.12. 2011, S. 30/31

sichtigung des Willens seiner Bürger treffen. Dazu muss sie sich einerseits verständlich machen, aufklären und überzeugen, und sie muss sich andererseits sensibilisieren hinsichtlich deren Erwartungen und Lebensperspektiven. Schließlich muss sie in der Lage sein, ihre Entscheidungen im Sinne ihrer Wähler durch- und umzusetzen. Habermas mahnt an, institutionelle Voraussetzungen zu schaffen, damit diese Prozesse in demokratischen Bahnen stattfinden können: *»Eine Konzentration der Macht bei einem intergouvernementalen Ausschuss der Regierungschefs, die ihre Vereinbarungen den nationalen Parlamenten aufs Auge drücken, ist der falsche Weg. Ein demokratisches Europa, das keineswegs die Gestalt eines europäischen Bundesstaates annehmen muss, muss anders aussehen. Dieses Projekt verlangt nicht nur institutionelle Phantasie. Die überfällige Kontroverse über Notwendigkeit und Nutzen eines solchen Projekts muss in der breiten Öffentlichkeit ausgetragen werden. Das verlangt allerdings von den politischen Eliten nicht nur den üblichen Spagat zwischen Bürgerinteressen und dem Rat der Experten. Die erneute Anbahnung eines verfassungsgebenden Prozesses würde vielmehr ein Engagement verlangen, das von den Routinen des Machtopportunismus abweicht und Risiken eingeht.«*[86] Es würde Mut und ein neues Denken erfordern, das nicht nur den Weiterbau, sondern auch den einen oder anderen institutionellen Neubau erfordert.

---

[86] Jürgen Habermas, Rettet die Würde der Demokratie. In: Faz.Net vom 14.11. 2011.

Wenn wir vorerst einmal die institutionellen Rahmenbedingungen hintan stellen und so tun, als ob die Politik in der Lage wäre, die richtigen Entscheidungen im Sinne des Volkes zu treffen, dann tritt als entscheidendes Problem die Machtfrage in den Vordergrund. Inwieweit ist die Politik in der Lage, die von ihrem demokratischen Auftrag abgeleitete und für richtig erkannten Entscheidungen durchzusetzen. Alle demokratische Willensbildung wäre nichts als ein papierner Tiger, wenn der demokratische Staat nicht die Macht hätte, einmal getroffene Beschlüsse in konkrete Gesetze zu gießen und die Durchsetzung dieser Gesetze zu garantieren.

Die Demokratie wäre am Ende, wenn sie sich untrennbar mit der Logik des Kapitals und der ungeregelten Kapitalinteressen verknüpfen würde. Es bliebe ihr nichts anderes übrig, als sich den ›Systemimperativen des verwilderten Finanzkapitalismus‹ zu unterwerfen, der, wie ich später noch zu zeigen versuche, nicht den Bedürfnissen und Erwartungen ihrer Wähler zu entsprechen vermag. Die Kolumnistin der Frankfurter Rundschau, Brigitte Fehrle, sieht diesen Kampf der Politik gegen die Finanzlobbyisten bereits als verloren an: Die Politik *»benimmt sich wie ein Player auf den anarchischen internationalen Finanzmärkten, die nur der Logik der Geldvermehrung gehorchen. Sie hat sich auf ein Kräftemessen eingelassen, das sie verlieren muss ... Wir beobachten die Selbstentleibung der Politik ... sie machen keine Gesetze mehr, d.h. Spekulanten vom Speku-*

lieren abhalten...«[87] Die Politik wird machtlos, wenn sie sich auf die Regeln ihrer Gegner, der Spekulanten, einlässt. Eine Machtlosigkeit, die der Niederlage des Politischen gegenüber dem Ökonomischen den Weg ebnen und geradewegs in die vielbeschworene postdemokratische Gesellschaft führen würde, wie sie der britische Politikwissenschaftler Colin Crouch bereits 2004 beschrieben hat.[88] Crouch definiert die Postdemokratie als *»ein Gemeinwesen, in dem zwar nach wie vor Wahlen abgehalten werden [...], in dem allerdings konkurrierende Teams professioneller PR-Experten die öffentliche Debatte während der Wahlkämpfe so stark kontrollieren, daß sie zu einem reinen Spektakel verkommt, bei dem man nur über eine Reihe von Problemen diskutiert, die die Experten zuvor ausgewählt haben.«*[89]

Die Postdemokratie bezeichnet einen Zustand, in dem die demokratischen Institutionen wie Parteien und Parlamente zwar noch bestehen, aber kaum mehr Einfluss auf die Politik haben und mehr oder weniger zu leeren Hülsen geworden sind. Mit der schleichenden Aushöhlung demokratischer Institutionen und Verfahren geht einher die steigende Macht von Großkonzernen und anderer privater Akteure, die in enger Kooperation mit den sie unterstützenden wirtschaftlichen Lobbygruppen das entstandene Vakuum ausfüllen. Die ge-

---

[87] Brigitte Fehrle, Im Griff der Spekulanten. Leitartikel in der Frankfurter Rundschau vom 20.10.2011.

[88] Colin Crouch, Post-Democracy, Oxford 2004. deutsch: Postdemokratie, Frankfurt 2008.

[89] Colin Crouch, Postdemokratie, Frankfurt 2008, S. 10.

wählten Repräsentanten der demokratischen Institutionen verlagern nach dieser Theorie ihre Kompetenzen und damit auch die Verantwortung für ihr Handeln auf Experten und Kommissionen. Der Wähler ist nicht mehr der Souverän, in dessen Auftrag entschieden werden muss. Vielmehr ist die Politik aufgefordert, den Bürger zu befähigen, die vorgegebenen, in erster Linie ökonomischen Notwendigkeiten, die dem Allgemeinwohl dienen und aus Sicht der Experten objektiv bestimmbar sind, nachvollziehen zu können. Interessenkonflikte werden dann nicht mehr in demokratischen Verfahren und Mehrheitsentscheidungen ausgetragen, sondern in entsprechenden Fachkommissionen beraten und durch Verwaltungsakte exekutiert.

In ähnlicher Richtung argumentieren Dirk Pilz und Friederike Schröter in einem im November 2011 erschienenen Artikel in der Frankfurter Rundschau. Sie sehen den Wähler heute, 2011, aufgrund der Machtfülle der ökonomischen Interessengruppen und der Schwäche der politischen Elite zusehends weniger in der Lage, im Sinne seiner eigenen Interessen zu handeln. Sollte diese Analyse stimmen, so hätte sich das demokratische Prinzip erschöpft und man müsste nach Ansicht dieser beiden Autoren der Frage nachgehen, ob es, wie das auch Die ZEIT in einer Artikelserie untersucht hat, *»eine Alternative zur Demokratie gibt, die nicht auf Diktatur oder den autoritären Staat hinausläuft ... Als Regierungsform kommt die westliche Demokratie an ihre Grenzen, wenn sie nicht mehr das leisten kann, wozu sie erfunden wurde: die Interessen der Vielen statt die Ein-*

*zelner zu sichern und dem Volk so ein gutes Leben zu
versprechen.«*[90]

Diese Äußerungen zur Demokratie wiegen schwer
und spiegeln den Vertrauensverlust in den demokratischen Staat wider. Die Demokratie kann Fehler machen,
es bleibt dem Volk dann nur das Vertrauen, dass die
demokratischen Institutionen und ihre Repräsentanten
es in Zukunft besser machen und den sich abzeichnen-
den Herausforderungen, die sich aus der Machtfülle der
ökonomischen Gegenspieler ergeben, gewachsen sein
werden. Das Vertrauen ist erst einmal verspielt. Kein
verantwortlicher Politiker darf sich in dieser Hinsicht
mehr etwas vormachen. Das gegenwärtige Desaster ist
ja nicht durch eine unsichtbare Hand ausgelöst worden
oder durch mysteriöse, undurchschaubare ökonomische
Prozesse entstanden, sondern durch bewusste Entscheidungen und Gesetze eben dieser Politiker, die den neoliberalen Heilsversprechungen geglaubt haben, und die
durch stetige Förderung der Kapitalseite und Auswei-
tung des Finanzsektors zu Lasten der Realwirtschaft und
abhängig Beschäftigten die heutige desasträse Situation
herbeigeführt haben. *»Je mehr sich der Staat aus der
Fürsorge für das Leben der normalen Menschen zurückzieht und zuläßt, daß diese in politische Apathie
versinken, desto leichter können Wirtschaftsverbände
ihn – mehr oder minder unbemerkt – zu einem Selbstbe-*

---

[90] Dirk Pilz und Friederike Schröter, Wir sind zunächst am Ende. In:
Frankfurter Rundschau vom 5.11.2011.

dienungsladen machen.«[91] Dies mag eine Strategie der Apologeten des Neoliberalismus sein. Mit Blick auf die Handlungsfähigkeit des Staates verweist die Unfähigkeit der politischen Elite, diesen Zusammenhang zu erkennen, auf ihre fundamentale Naivität gegenüber den neoliberalen Denkansätzen.

Wenn es der Politik und den demokratischen Institutionen nicht gelingt, Maßnahmen durchzusetzen, die darauf zielen, die wachsende Dominanz der ökonomischen Eliten und des Kapitals einzudämmen, ist zu befürchten, dass diese unser politisches System metastasieren und die demokratische Kultur in den Tod treiben. Ein Tod, den der apathisch gewordene Bürger möglicherweise sogar begrüßt, weil er sich der technokratischen Weisheit der Experten unterworfen hat und ihm so die Bürde der Entscheidung über Problemfelder, mit denen er nach Meinung eben dieser Experten überfordert ist, genommen worden ist. Wenn, wie jetzt in Griechenland, Lucas Papademos, der ehemalige Vizepräsident der EZB und ausgesprochener Finanzexperte, zum Ministerpräsident ernannt wird und als ersten Satz wie ein Glaubensbekenntnis in die Mikrofone der Journalisten sagt, *»Ich bin <u>kein</u> Politiker«* (10.11.2011), und alle europäischen Regierungen dazu klatschen, dann zeigt das auf der einen Seite, dass die Politiker ihr wichtigstes Kapital, Vertrauen nämlich, in großem Maßstab verloren haben, und es demonstriert auf der anderen Seite, wie weit Eu-

---

[91] Colin Crouch, Postdemokratie, Frankfurt 2008, S. 29f.

ropa schon auf dem Weg zu der von Crouch beschriebenen postdemokratischen Gesellschaft vorangeschritten ist. Ähnliches ist zur selben Zeit in Italien geschehen, wo Mario Monti, ehemaliger Wirtschaftsprofessor wie Papademos, als Ministerpräsident die Kastanien aus dem italienischen Feuer holen soll. Beide Regierungen sind nicht von der Opposition gestürzt worden, sondern – abstrakt gesprochen – von den Märkten. Und in deren Zwangsjacke stecken beide Wirtschaftsexperten bei dem Bemühen einen drohenden Staatsbankrott, dessen Mitverursacher eben diese Märkte sind, zu vermeiden. Die Staaten verhalten sich ein bisschen wie Drogenabhängige: die alten Kredite laufen aus und sie brauchen immer neue, noch teurere Kredite, die ihnen die Dealer bereitwillig geben, damit sie ihre alten bezahlen können.

Es ist noch kein Befreiungsschlag, was gegenwärtig in Europa passiert, vielmehr dokumentiert der Vorgang die Anerkennung der Dominanz des ökonomischen über das politische Denken und Handeln, auch wenn die beiden Wirtschaftsexperten Papademos und Monti nur als Chefs einer Übergangsregierung angedacht sind und man ihnen demokratische Gesinnung und guten Willen nicht absprechen kann.

»All die ökonomischen Fragen und Probleme, die uns heute bedrängen, sind doch völlig der demokratischen Kontrolle entzogen. Da wo es wichtig ist, funktioniert die Demokratie nicht«[92], befürchtet der Philosoph

---

[92] Slavoj Zizek in einem Interview in der Frankfurter Rundschau vom 23.12. 2011, S. 31.

Zizek. Für mich bedeutet das nicht, dafür zu plädieren, die Demokratie fallen zu lassen, sondern sie zu ändern und unter den gegebenen Verhältnissen des 21. Jahrhunderts neu zu überdenken. Die Demokratie zu bewahren, verlangt von der Politik in einem ersten, sicher noch nicht hinreichenden, Schritt, sich von dem asozialen, anarchischen Gebaren der Finanzmärkte und den Einflüsterungen ökonomischer Lobbyisten zu befreien und den Markt unter politische Kontrolle zu bringen. Die Volkswirtschaft muss so gestaltet werden, dass sie wieder dem Wohl der Mehrheit des Volkes dient und nicht als Geldmaschine für die, die mit ihrem Geld nichts anderes im Sinn haben, als möglichst viel Geld zu machen, zu wetten und zu spekulieren.

Um dem demokratischen Prinzip eine Chance zu eröffnen und sich dem *»legitimen Anspruch, dass es in den europäischen Wohlstandsgesellschaften neben dem privaten Reichtum keine öffentliche Armut und keine marginalisierte Armutsbevölkerung geben darf«*[93], zu nähern, bedarf es eines politischen Willens, der das kapitalistische Wirtschaftssystem vor dem Kapital und den Markt vor den Monopolisten schützt und wirklichen Wettbewerb wiederherstellt, der die Realökonomie stärkt und die exorbitante Blase an virtuellem, liquidem Finanzkapital reduziert. Die Aktivitäten etablierter politischer Institutionen in den letzten dreißig Jahre geben

---

[93] Jürgen Habermas, Rettet die Würde der Demokratie. In: Faz.Net vom 14.11. 2011.

leider wenig Anlass zu der Hoffnung, dass deren Repräsentanten aus der Vergangenheit gelernt und die Kraft haben, das Blatt zu wenden und sich aus der Umklammerung sogenannter alternativloser ökonomischer Sachzwänge zu befreien. Umso wichtiger dürfte es für die Zukunft sein, Nichtregierungsinitiativen zu stärken, deren Kräfte zu bündeln und einer politischen Kultur den Weg zu bereiten, die sich nicht an einer Minderheit von kapitalkräftigen Aktionären, Großkonzernen und Finanzdienstleistern, sondern an den Bedürfnissen der Mehrheit, den Bedürfnissen der Menschen nach einem guten Leben orientiert. Dort, wo Menschen zusammen kommen und jeder den Mut hat für sich selbst zu sprechen, wie das zum Beispiel in dem Zeltdorf von Occupy-Frankfurt nun schon über Monate demonstriert wird, wird sich zwangsläufig etwas Neues ergeben, auch wenn zur Zeit noch offen ist, wohin der Weg führen wird.

No risk, no fun – die Eröffnung des Spielkasinos

Er kam aus dem ländlichen Illinois, formte in den siebziger Jahren die Investment-Bank Goldman Sachs in New York zu einem Handelsriesen, baute mit ihr den lukrativen Handel mit Staatsanleihen auf und erwirtschaftete mit knapp kalkulierten Risiken exorbitante Gewinne. 1994 saß er mit 33 Jahren im Chefsessel von Goldman Sachs. Nach fünf Jahren auf dem Thron, so berichtet Thorsten Schröder[94], verzockte sich Jon Stevens Corzine bei Wetten mit russischen Staatsanleihen, machte eine Milliarde Dollar Schulden und musste gehen. So weit so gut. Wenn es in der Wirtschaft nicht klappte, blieb immer noch die Politik. Er wurde Senator und später demokratischer Gouverneur in New Jersey und machte erneut so hohe Schulden, dass er 2009 nicht wiedergewählt wurde. Was blieb dem arbeitslos gewordenen übrig als es wieder in der Finanzbranche zu versuchen, da kannte er sich aus. Corzine ging also 2010 zu dem damals unbedeutenden Börsenmakler MF Global in New York, ersetzte als Chef von MF Global altgediente Händler durch junge, smarte und risikofreudige Finanzjongleure und machte das, was ihm offensichtlich am meisten Spaß machte, er begann wieder zu wetten. Die Summen, die er sich für seine Wetten lieh, wurden immer höher, so dass schließlich auf einen Dollar Eigenkapital fünfunddreißig Dollar Fremdkapital kamen. Warnungen schlug er in den Wind, niemand und kein Gesetz konnten ihn in seinem Wetteifer hindern. Seine Fima, die unter anderem für Hedgefonds deren Geschäfte mit Aktien, Anleihen, Währungen, Derivaten oder Rohstoffen abwickelte, wuchs und mauserte sich, auch dank seiner guten Verbindungen nach Washington aus seiner Gouverneurszeit, zu einem der großen Finanzunternehmen der USA. Einmal Zocker immer Zocker wettete er im großen Stil auf europäische Staatsanleihen im

---

[94] Thorsten Schröder, Kein Risiko, ein Spaß. In: Frankfurter Rundschau vom 5. 11. 2011. Ich habe die Geschichte von Jon Corzine diesem Artikel entnommen.

Volumen von 6,3 Milliarden Dollar[95]. Als seine Gläubiger, Banken und Hedgefonds, Zweifel an seinem Geschäftsmodell bekamen und ihr Geld zurückforderten, musste Jon Corzine und GF Global Anfang November 2011 Insolvenz anmelden. Der Schuldenberg betrug 39 Milliarden Dollar! Die achtgrößte Insolvenz in der Geschichte der USA und die Größte seit der Pleite von Lehman Brothers 2007. Corzines Kommentar zu diesem Desaster: *»Ich bin sehr traurig über das, was bei GF Global passiert ist.«*[96] Als armer Mann muss er aber sicher nicht sein weiteres Leben fristen. Immerhin wollen Anleger den Chef des Unternehmens MF Global Jon Corzine wegen Täuschung der Investoren verklagen. Berichten zufolge werden dazuhin bei dem insolventen Brokerhaus Kundengelder in Höhe von mehreren hundert Millionen Dollar vermisst.[97]

Man muss sich diese Geschichte auf der Zunge zergehen lassen, um zu begreifen, was auf den Finanzmärkten gang und gäbe ist und wie mit unser aller Schicksal Schindluder getrieben wird: Einschlägig bekannte Spieler wetten gegen Staaten, treiben die Anleiherenditen nach oben, streichen dank der hohen Kreditzinsen saftige Gewinne ein, solange bis diese Staaten nicht mehr in der Lage sind, Kredite zu diesen hohen Zinsen zu bezahlen und an den Rand des Staatsbankrotts getrieben werden. Das hat Methode, denn zu diesem

---

[95] Spiegel Online am 31. 10. 2011.
[96] Zitiert nach Thorsten Schröder, a.a.O.
[97] Spiegel Online am 04. 11. 2011

Geschäftsmodell gehört, die hohen Kreditzinsen, die ja einen Risikoaufschlag für schlechte Kreditwürdigkeit eines Staates darstellen, als Netto-Gewinn zu verbuchen, ohne entsprechende Rücklagen für mögliche Verluste zu bilden, da man im Falle Europas davon ausging, dass der EURO-Staatenverbund es nicht wagen würde, einen EURO-Staat Bankrott gehen zu lassen. Die Risikoprämien kassieren die Spekulanten, das Risiko trägt der Staat. Die Folge solcher Spekulationen ist: Um den Bankrott zu vermeiden, müssen sich diese Länder kurzfristig rigide Sparmaßnamen auferlegen, worunter in erster Linie die Masse der Bevölkerung zu leiden hat, und, im Falle von Europa, EU-Gelder als Staatshilfen beantragen und dazuhin die ebenfalls rigorosen Sparauflagen der Geldgeber erfüllen.

Millionen Menschen geht es deswegen schlechter, weil die Corzines dieser Welt und ein paar Reiche, die lukrative Anlagemöglichkeiten für ihr reichlich vorhandenes Spielgeld suchen, sich mit Wetten auf Staatsanleihen eine goldene Nase zu verdienen versuchen. All dies geschieht legal unter den Augen der Politik, die in den siebziger und dann vermehrt in den achtziger Jahren die entsprechenden Kontroll- und Einflussmöglichkeiten auf solche Geschäftspraktiken aus der Hand gegeben hat.

Ein System, in dem staatliche Zentralbanken den Banken zu niedrigen Zinsen Geld verleihen, das die Banken anschließend zu einem deutlich höheren Zinssatz wieder den Staaten leihen, ist, gelinde gesagt, mit enormen Nachteilen für den Staat verbunden und widersinnig. Wenn Banken, die mit Staatsgeldern vor dem Zusammenbruch gerettet werden, anschließend auf den Zusammenbruch der Staaten Wetten abschließen, die sie gerettet haben, darf das durchaus als wahnsinniges System bezeichnet werden.

Ist es auch Wahnsinn, so hat es doch Methode

Der oben beschriebene Fall illustriert nur einen kleinen Bereich aus der unübersehbaren Fülle der spekulativen Finanzgeschäfte, die in den letzten Jahrzehnten zum Wohle der Anleger erfunden worden sind. Zur Eröffnung dieses Spielkasinos wurde eine Unzahl von teils sehr komplexen Instrumenten entwickelt, bis selbst Finanzfachleute Schwierigkeiten hatten, alles sachverständig zu durchschauen, und Kontrolleure Schwierigkeiten hatten, sie zu kontrollieren: Zertifikate, alle Arten von Hebelinstrumente, Derivate, Indizes, ‚Kettenbriefkredite‘ und Kreditderivate wie CDS, Absicherungen und Rückabsicherungen von Währungsschwankungen, von fallenden Kursen und von steigenden Kursen usw. Ende August 2011 waren in Deutschland 838.000 spekulative Zertifikate und Hebelpapiere im Umlauf. [98] Und die Betreiber dieser Kasinos verdienten nicht schlecht mit diesen Papieren. John Paulson, der erfolgreichste Spekulant der Welt, hat in der Finanzkrise durch Wetten auf faule Hypotheken-Papiere 20 Milliar-

---

[98] Hans-Ulrich Jörges, in: stern 43/2011

den Dollar in seine private Tasche gewirtschaftet.[99]

Die explosionsartige Vermehrung dieser spekulativen Finanzprodukten für Anleger wäre nicht denkbar, ohne die gigantische Vermehrung von Kapital, das nicht in Realwerte und Produktivvermögen investiert ist, sondern als frei floatendes Geldvermögen nach neuen Anlagemöglichkeiten hungert. Anlagen, die nur dazu da sind, unabhängig von der Realökonomie, aus Geld wieder Geld zu machen, das wiederum angelegt sein will. Die Kapitalströme, die auf den Börsen und Finanzmärkten um die Welt bewegt werden, erreichten Billionen-Dollar-Umsätze und übertrafen vor der Weltfinanzkrise 2008 die der Realwirtschaft um das Mehrfache, wie Wilhelm Hankel nachgerechnet hat: *»Wie sehr der Rückgriff auf die selbstgeschaffene Kreditmaschine die Bankenwelt um ihren Verstand gebracht hat, illustrieren diese Zahlen: 500 Billionen US-Dollar an Derivaten stehen 50 Billionen Welt-Bruttoinlandsprodukt gegenüber und 10 Billionen Welthandel (2007). Zehn bzw. zwei Prozent dieser astronomischen Summen hätte ausgereicht, Produktion und Handel der gesamten Welt zu finanzieren.«*[100] Das enorme Volumen der Kapitalströme spiegelt sich auch im Anstieg der Kreditwirtschaft wider und hatte in der Mitte des ersten Jahrzehnts dieses Jahrhunderts ein weit überproportionalen Wachstums: 1-2%

---

[99] Hans-Ulrich Jörges, in: stern 43/2011
[100] Wilhelm Hankel, in: Frankfurter Rundschau vom 25./26. 10. 2008

wuchs Deutschlands Sozialprodukt, 4-5% der Welthandel, aber das Kreditvolumen stieg im selben Zeitrahmen um 15-20%.

Das Volumen der globalen Finanztransaktionen, eines entmenschten Börsenhandel im Millisekundentakt, ist heute (2011), so hat es Sahra Wagenknecht errechnet[101], 73,5-mal höher als die Wirtschaftsleistung der Welt. 1990 hatte diese Relation noch bei 15,3 gelegen.

Wie ist es zu diesem enormen Anstieg an Finanzgegenüber dem Realkapital gekommen, der eine der wichtigsten Quellen der heutigen Finanzmarktprobleme ist?

Nach dem Zweiten Weltkrieg wollte man einen Neuanfang wagen und dieser Neuanfang sollte in Deutschland nicht auf dem Fundament des Kapitalismus aufgebaut werden. Selbst die neugegründete CDU hatte sich damals nicht mehr darauf berufen. Im Ahlener Programm vom 3. Februar 1947 konstatierte sie: »*Das kapitalistische Wirtschaftssystem ist den staatlichen und sozialen Lebensinteressen des deutschen Volkes nicht gerecht geworden. Nach dem furchtbaren politischen, wirtschaftlichen und sozialen Zusammenbruch als Folge einer verbrecherischen Machtpolitik kann nur eine Neuordnung von Grund aus erfolgen. Inhalt und Ziel dieser sozialen und wirtschaftlichen Neuordnung kann nicht mehr das kapitalistische Gewinn- und Machtstre-*

---

[101] Sahra Wagenknecht, Freiheit statt Kapitalismus, Frankfurt 2011, S. 80.

ben, sondern nur das Wohlergehen unseres Volkes sein.«[102]

Das Wohlergehen sah man zu Beginn der Bundesrepublik am ehesten in der sozialen Marktwirtschaft aufgehoben, einer gemeinwirtschaftlichen Ordnung, die gleichrangig soziale und wirtschaftliche Gesichtspunkte zu verknüpfen versuchte.

Die Fundamente einer solchen Wirtschaftsordnung sollten sein[103]:

- Einbindung der Marktwirtschaft in strikte Regeln und soziale Bezüge, ein soziale Marktwirtschaft also, die sich nicht selbst überlassen werden darf, sondern durch den Staat bewusst sozial gesteuert werden muss.

- Verhinderung wirtschaftlicher Macht bereits im Entstehungsstadium, da einmal entstandene ökonomische Machtzentren kaum kontrolliert werden können, da sie ab einer gewissen Größenordnung dazu tendieren, durch ihre finanzielle und wirtschaftliche Macht, durch Lobbyismus und personelle Verknüpfungen, selbst Teil der politischen Macht zu werden und damit großen Einfluss auf Entscheidungsprozesse in der Politik gewinnen, die sie eigentlich

---

[102] Ahlener Programm der CDU, vom 3. 2.1947

[103] Vgl. hierzu: Walter Eucken, Grundsätze der Wirtschaftspolitik, Tübingen 2004. Alfred Müller-Armack, Wirtschaftslenkung und Marktwirtschaft, München 1990. Sahra Wagenknecht, Freiheit statt Kapitalismus, Frankfurt 2011, S. 15-29, wo die Gedanken und Ansätze von Eucken und Müller-Armack zusammengefasst wurden.

zum Wohle des Gemeinwohls regulieren soll.

-       Persönliche Haftung der ökonomischen Entscheidungsträger, im Sinne ›Wer den Nutzen hat, muss auch den Schaden tragen‹, da ansonsten ein verantwortliches ökonomisches Handeln nicht erwartbar ist.

-       Gemischte Wirtschaft von staatlichen und privaten wirtschaftlichen Tätigkeiten, da sich nicht jede Wirtschaftstätigkeit über Wettbewerbsmärkte organisieren lässt. Insbesondere dann nicht, wenn Monopole oder Oligopole den Wettbewerb außer Kraft setzen. Der Staat muss danach in den Bereichen selbst tätig werden, in denen andernfalls private Monopole und somit also private Wirtschaftsmacht entstehen würden.

Entscheidende Bedeutung hat bei einer sozial orientierten Marktwirtschaft, die Verhinderung von Monopol- sowie Oligopolunternehmen, denn mit zunehmende Unternehmensgröße ist, wie bereits angedeutet, in der Regel wachsende Marktmacht und mit dieser wiederum wachsender Einfluss auf die politischen Entscheidungsprozesse verbunden. Der Wettbewerb wird ausgehebelt und die Profitinteressen der Unternehmen überlagern die Gemeinwohlinteressen und erschüttern so die Grundfesten der demokratischen Ordnung.

Analysiert man auf dieser Basis die heute bestehende Wirtschaftsordnung, so zeigt sich jedem deutlich sichtbar, wie weit wir uns von der Idee der Gründer der sozi-

alen Markwirtschaft, ja der Marktwirtschaft insgesamt
entfernt haben. Dies liegt in erster Linie daran, dass es
nicht gelungen ist, das Entstehen von privaten Monopo-
len und mächtigen und politisch einflussreichen Finanz-
und Wirtschaftsunternehmen zu verhindern. Im Gegenteil, die Politik war in den letzten 30-40 Jahren so aus-
gerichtet, dass sich Markt- und Finanzmacht ungehin-
dert entfalten konnte.

In den 50er und frühen 60er Jahren des vorigen Jahrhunderts schien die ökonomische Welt der Bundesrepublik noch in Ordnung. Die Banken waren Partner der
Unternehmen und Betriebe und stellten auf der Basis
der Guthaben ihrer Sparer, deren Gelder ihnen anver-
traut waren, Kredite für Investitionen zur Verfügung.
Die Unternehmer investierten in ihre Unternehmen, um
am Markt konkurrenzfähig zu bleiben, und nicht in un-
ternehmensfremde Finanzprodukte. Unternehmen mit
Monopolcharakter, oder solche die Leistungen für die
Grundversorgung der Bevölkerung erbrachten waren in
öffentlicher Hand oder teilverstaatlicht und existierten
neben Privatunternehmen, und es herrschte intensiver
Wettbewerb um die besten Produkte. Zur Erinnerung,
in Deutschland war 1959 der Staat noch an 478 Wirt-
schaftbetrieben beteiligt, so unter anderem an dem
Energiekonzern VEBA, an Viag, die im Energiesektor
sowie im Bereich Chemie und Aluminium tätig war, an
den Kieler Howaldtswerke, der Howaldtswerke AG
Hamburg, Bundespost, Bahn, Lufthansa, dem Volkswa-
genwerk und Teilen des Bergbaus. Die Wirtschaft

wuchs in diesem gemischten Wirtschaftssystem organisch auf der Basis real erwirtschafteter Wirtschaftgüter und Dienstleistungen. Die soziale Marktwirtschaft war in strikte Regeln und soziale Bezüge eingebunden. Die Sozialisierung von für die Volkswirtschaft wichtigen Schlüsselindustrien und die Eindämmung ökonomischer Machtinseln war am Beginn der Bundesrepublik selbstverständlicher Teil wirtschaftspolitischen Denkens politischer Eliten und der Bevölkerung. So stimmten zum Beispiel in einer Volksbefragung zur Hessischen Verfassung am 1. Dezember 1946 76,8% für diese Verfassung, die in Art. 41 die Sozialisierung von Bergbau, Eisen- und Stahlerzeugung, Energiewirtschaft und Verkehrswesen vorsah.[104]

In den 70er Jahren begann sich das ökonomische Klima zu drehen. Angefangen hat der ökonomische Klimawechsel in den USA. Mit der Aufgabe des Systems von Bretton Woods in den 70er Jahren wurde die mit der Wahl von Franklin D. Roosevelt im Jahre 1932 eingeleitete aktive Rolle des Staates (»New Deal«) zu Grabe getragen. Zu eben dieser Zeit entwarf der US-Ökonom Milton Friedman sein neoliberales Modell, das in den nächsten Jahrzehnten das ökonomische Denken in der Welt verändern würde.[105] Hauptangriffspunkte dieser Theorie waren nach Schulmeister: Die Regulie-

---

[104] Sie trat dann nicht in Kraft, weil der amerikanische Militärrat die Umsetzung bis zum Inkrafttreten des GG untersagt hatte.
[105] Vgl. zu der neoliberalen Gegenoffensive gegen den Keynesianismus Stephan Schulmeister, Mitten in der großen Krise. Ein »New Deal« für Europa. Wien 2010, S. 46ff.

rung der Finanzmärkte sowie die (langfristige) Ineffizienz bzw. Schädlichkeit von Vollbeschäftigungspolitik (Phillips-Kurven-Debatte). Dabei entwickelte diese Theorie eine geniale Doppelstrategie: Aufgrund wissenschaftlicher Empfehlungen werden Probleme geschaffen. Diese werden dann so gedeutet, dass die Schlussfolgerung in den Dienst eines neuen Schrittes neoliberaler Propaganda gestellt werde kann.

Ein Beispiel verdeutlicht die Strategie der neoliberalen Wechselschritte: Die von den Neoliberalen propagierte *»Deregulierung der Finanzmärkte bringt in den 1980er Jahren unzählige Finanzinnovationen (Derivate aller Art) hervor, sie erleichtern die Spekulationen mit Aktien, Rohstoffpreisen, Zinssätzen und Wechselkursen, die Instabilität der Preise steigt ... Dies sowie das positive Zins-Wachstums-Differenzial veranlassen immer mehr nicht finanzielle Konzerne statt in Realkapital zu investieren in Finanzkapital zu veranlagen. Dies dämpft das Wirtschaftswachstum nachhaltig. Arbeitslosigkeit und Staatsverschuldung steigen ... Dies lässt die Eliten in Europa Anfang der 1990er Jahre wach werden ... der Staat muss sparen (Maastricht-Kriterien) ... Die Sparpolitik dämpft den Konsum nachhaltig und damit auch das Wirtschaftswachstum, am meisten in jenen Ländern, wo die Staatsquote am stärksten gesenkt wird, insbesondere in Deutschland. In der Folge steigt die Arbeitslosigkeit bis 1997 massiv an ... Hohe Arbeitslosigkeit, die Schwächung des Sozialstaats und boomende Märkte machen die Verteilung von Einkommen und Vermögen* *immer ungleicher* ...«[106] Und so dreht sich die Spirale immer weiter, bis sich, wie von unsichtbarer Hand geleitet, von selbst erfüllt, was der Neoliberalismus propagiert: Schwächung des (Sozial-)Staats, weitere Privatisierung und private Daseinsvorsorge, Verstärkung der Einkommensunterschiede, Auseinanderklaffen der Gesellschaft.

Auch Naomi Klein hat diesen Siegeszug des neoliberalen Denkens und seine Folgen in ihrem Buch[107] dokumentiert. Vier Jahre lang ist die vielfach ausgezeichnete Journalistin, Kolumnistin und Autorin um die Welt gereist und hat recherchiert. Herausgekommen ist die unglaubliche Geschichte einer der wirkmächtigsten Ideologien unserer Zeit, die eben dieser amerikanische Ökonom Milton Friedman von der University of Chicago und seine Anhänger, die sogenannten 'Chicago Boys', in die Welt gesetzt haben. Seine Doktrin des freien Marktes mit den drei Leitlinien: Deregulierung, Privatisierung und Kürzung staatlicher Leistungen und Abbau des Sozialsystems, wurden weltweit zum Credo marktwirtschaftlicher Wirtschaftspolitik und fand unter anderem auch seinen Niederschlag im sogenannten Washingtoner Consens der Weltbank und des IWF, den unter anderem auch der Nobelpreisträger Joseph Stiglitz[108] scharf kritisierte.

---

[106] Stephan Schulmeister, a.a.O., S 48f.
[107] Naomi Klein, Die Schockstrategie. Der Aufstieg des Katastrophenkapitalismus, Frankfurt 2009.
[108] Joseph Stiglitz, Die Schatten der Globalisierung, Berlin 2002.

Auch Naomi Klein sieht in der neoliberalen Strategie durchaus ein System. Angefangen beim Putsch in Uruguay und Chile im Jahr 1973 bis zum Umsturz 1976 in Argentinien und anderswo. So lag schon am Mittwoch, den 12. September 1973, also nur einen Tag nach dem Putsch in Chile und dem ersten Arbeitstag der neuen Junta, der Bericht mit dem Titel ›Ziegelstein‹ der Chicago Boys, die die Junta-Regierung in ökonomischen Fragen berieten, fertig ausgearbeitet und druckfrisch auf den Tischen der Juntamitglieder. Der Umsturz war also von langer Hand geplant und wurde massiv von den amerikanischen Beratern unterstützt. Milton Friedman selbst besuchte Pinochet und machte ihm sein neoliberales Modell des freien Marktes schmackhaft: Wenn er auf einen Schlag alle Regierungseingriffe in den Markt unterlasse, würden die ›Naturgesetze der Wirtschaft und des Marktes‹ wieder ihr Gleichgewicht finden, die Volkswirtschaft bekäme einen Wachstumsschub und die Inflation würde wie durch Zauberhand wieder zurückgehen.

Die Medizin, die dem Land mit diesen Strukturanpassungen, den Firmenzusammenbrüchen, Entlassungen und Lohnkürzungen verabreicht wurde, war bitter. Die Inflationsrate kletterte innerhalb eines Jahres auf 370 Prozent, die höchste Rate der Welt damals. Die Preise der Grundnahrungsmittel stiegen ins unermessliche und die Arbeiter, die mit Lohneinbußen und Arbeitslosigkeit am Existenzminimum lebten, verarmten und konnten ihre Familien nicht mehr ernähren. Die Einzigen, die von diesen Umstrukturierungsmaßnahmen und Privatisierungen profitierten, waren eine kleine politische, militärische und wirtschaftliche Elite und ausländische Investoren.

Dieser sogenannte Katastrophen-Kapitalismus, so Naomi Klein, nutze die Schocks, die diese Ereignisse auslösten, um die Ideologie des freien Marktes in diesen Ländern zu implementieren und den multinationalen, in erster Linie US-amerikanischen Unternehmen über Privatisierung staatseigener Betriebe und Zurückdrängung staatlicher Einflussnahme sowie Aufhebung von Handelsschranken und Etablierung freier Handelsmärkte, die wiederum überwiegend den großen Multis zu Gute kamen, den lukrativen Einstieg in diese Länder zu ebnen. Mit zum Teil verheerenden Folgen für die Menschen in diesen Ländern: Arbeitslosigkeit, Verarmung großer Teile der Bevölkerung, Zerschlagung des Gesundheitssystems, Abbau von Sozialleistungen auf der einen Seite und exorbitante Gewinne für eine kleine Gruppe von Aktionären und Oberschichtangehörigen auf der anderen Seite. »*Sie machten*«, so Klein, »*die Wohlhabenden zu Superreichen und die organisierte Arbeiterklasse zu einer Verfügungsmasse von Mittellosen. Die soziale Polarisierung hat sich überall dort wiederholt, wo die Chicagoer Ideologie triumphierte ... Im Dezember 2006, einen Monat nach Friedmans Tod, kam bei einer UN-Untersuchung heraus, dass die reichsten zwei Prozent aller Erwachsenen auf der Erde über mehr als die Hälfte des weltweiten Haushaltsver-*

mögen verfügen."[109]

Vollendet wurde der Richtungswechsel in der amerikanischen Wirtschaftspolitik in den 80er Jahren durch Ronald Reagan (»*der Staat ist das Problem, nicht die Lösung*«), von 1981 bis 1989 Präsident der USA, der dieser Wirtschaftpolitik seinen offiziellen Segen gab.

In Europa war es Margret Thatcher, die am 27. Oktober 1986 in Großbritannien den Big Bang des Kasino-Kapitalismus auslöste. Die Finanzmarkt-Zocker konnten dieser Tage ihr 25-jähriges Jubiläum feiern. An diesem Tag im Jahre 1986 entfesselte Margret Thatcher den Finanzmarkt mit den im Unterhaus gesprochenen Worten: »*Lasst uns die Regeln* (für den Handel an der Börse, HS) *wegwerfen, die den Erfolg bremsen.*" Die große Privatisierungswelle begann, die Gewerkschaften wurden entmachtet und die Banken durften jetzt uneingeschränkt in das Wertpapier- und Investmentgeschäft einsteigen. Die Finanzjongleure und Zocker hatten Hochkonjunktur.

Das, was London vormachte, galt Kontinental-Europa als Vorbild. Die letzten Schranken für einen freien Kapitalfluss und die Einflussnahme des Staates auf die Finanzströme wankten. In zunehmendem Maße wurden Bankgeschäfte außerhalb der aufgeweichten, obschon noch bestehenden Regulierungen getätigt. Der

---

[109] Naomi Klein, Die Schockstrategie. Der Aufstieg des Katastrophenkapitalismus, Frankfurt 2009, S. 626.

Anteil der Geschäfte der Banken außerhalb der üblichen Regulierungen stieg schnell auf 50 Prozent, wie der Wirtschaftsjournalist Harald Schuman recherchiert hat. Die Banker, Broker und Investmentgesellschaften griffen nach der Macht und gaben sie nicht mehr aus der Hand. Private Equity-Unternehmen und Hedgefonds schossen in den folgenden Jahren wie Pilze aus dem Boden. So gibt es allein über 1000 Hedge-Fonds, die eine Billion Dollar verwalten. Ist schon der Handel mit börsennotierten Papieren lückenhaft, so sind die Aktivitäten von Hedge-Fonds und Private Equity-Unternehmen praktisch unreguliert und nur schwer zu kontrollieren, da sie in der Regel keinen nationalen Geschäftssitz haben. Sie nutzten ihre Freiheiten zu risikoreichen Geschäften mit exorbitant hohen Profitraten. Die Akteure des Kapitalismus hatten einen Spielplatz zur Verfügung gestellt bekommen, auf dem sie sich von nun an ungestört von staatlichen Schranken und demokratischen Willensbildungsprozessen austoben konnten. Sie nutzten ihn trickreich, mit zerstörerischer Kreativität, mit großem Erfindungsreichtum und enormer Profitabilität für die Finanzmarkteliten und Kapitaleigner.

In den 70er Jahren war in den USA die Gehaltsspreizung vom Bestverdienenden zum Durchschnittsverdienst 30:1, Anfang der 90er schon 300:1. Heute im Jahr 2011 zeigt eine Studie, dass *»die Top-25-Unternehmen den CEOs mehr Gehalt zahlen, als die Unternehmen an Steuern zahlen. Das ist mittlerweile eine absolute Herrschaft der Reichen und der Superrei-*

chen.«[110] Der Durchschnittsverdienst der Top-Manager von Private-Equity und Hedge Fonds betrug 658 Millionen Dollar Jahresverdienst, währenddessen die USA dieser Tage in einem Schuldenberg von über zehn Billionen Dollar versinken. Allein die Auslandsverschuldung der USA wuchs nach Berechnungen von Max Otte[111] in 6 Jahren um über 400% von rund 750 Milliarden im Jahr 2000 auf 3100 Milliarden Dollar (2006). Die Hypothekenschulden explodierten in den USA geradezu um 8000 Billionen (!) Dollar in den 20 Jahren von 1986 bis 2006. [112]

Heute ernten wir die Früchte dieser neoliberalen Orgien: Weltfinanzkrise 2008, überschuldete Staaten, nicht zuletzt auch wegen der Finanz- und Wirtschaftskrise, und die EU ringt aktuell (2011/12) um ihr Überleben und Millionen Menschen um ihre Gesundheit. Die Krankschreibungen wegen Erschöpfungssymptomen wie Burnout haben sich zwischen 2004 und 2010 verneunfacht. 30% der arbeitenden Bevölkerung sind von einer schweren Erschöpfung betroffen.[113] Wichtigster Grund: die Überbewertung von Arbeit, die Selbstdefini-

---

[110] Max Otte, Buchautor (»Der Crash kommt« 2006 und »Stoppt das Eurodesaster« 2011) und BWL Professor in einem Interview mit UNICUM vom November 2011, S. 34.

[111] Max Otte, Der Crash kommt, Berlin 2008, S. 108 (Erstauflage 2006).

[112] Ebda, S. 89.

[113] Wissenschaftliches Institut der Allgemeinen Ortskrankenkasse, 2011.

tion als ausschließliche Produktivkraft, das Selbsterleben als Ware in unserer Gesellschaft.

Das Spiel ist aus Mr. Fuld

Am Sonntag, den 14. September 2008 traf sich in Washington eine illustre Runde, um über das Schicksal des ›Gorilla‹, wie der Boss von Lehman Brothers, Richard Fuld, wegen seiner überheblichen, arroganten und skrupellosen Art von Insidern genannt wurde, zu sprechen. Er war in der Branche sehr unbeliebt und viele wünschten sich ihn zum Teufel. An der Sonntagssitzung nahmen neben den Chefs der großen Banken und Investmenthäuser unter anderem auch Henry Paulson, der Finanzminister und frühere Goldman Sachs CEO, der Fuld gut kennt, und Ben Bernanke, der Notenbankchef, teil. Sie beschlossen Lehman Brothers fallen zu lassen – ob persönliche Gründe dabei eine Rolle gespielt haben, ist unbekannt, aber nicht ganz auszuschließen. Am nächsten Tag musste, wie bereits schon früher die Immobilienriesen Freddie Mac und Fannie Mae, auch Lehman Brothers Insolvenz anmelden. Die Weltwirtschafts- und Finanzkrise hatte ein Gesicht bekommen – und möglicherweise rieben sich seine Konkurrenten von Goldman Sachs, Stanley Morgen, Merill Lynch, und wie sie alle heißen, die Hände, waren sie doch ihren ärgsten Konkurrenten los.

Das Datum und die Folgen aus diesem Beschluss markieren einen tiefen Einschnitt in eine Entwicklung[114], die bis dahin mehr oder weniger von der Politik, den Wirtschaftsfachleuten und den Medien, aber auch großen Teilen der Bevölkerung gutgeheißen wurde. Der 15. September 2008 markiert aber auch einen Wendepunkt, der zu neuen Denkansätzen zwingt, wenn man aus der Krise herauskommen will. Die Überschuldung ist nur eine Seite der Medaille, die andere Seite ist die riesige Blase an privatem Vermögen in Form von Anlagen und Kreditpapieren. Was des einen seine Schulden sind, ist des anderen sein Vermögen und Gewinn in Form von Zinsen und Dividenden. Die Wirtschaftsleistung der Welt beträgt 44,5 Billionen Dollar. Die privaten Anlagen an Kreditpapieren und Unternehmensbonds sind 2006 nahezu gleich groß und betragen weltweit 43 Billionen Dollar.[115]

Wie konnte es zu dieser gewaltigen, nichtinvestierten und nicht produktiv eingesetzten, Kapitalakkumulation kommen?

Hierbei lohnt es sich, einen kurzen Blick auf das Finanzsystem zu werfen.

Im Zuge der Deregulierung der letzten Jahrzehnte haben die Banken bei der Absicherung ihrer Aktivitäten zunehmend auf Interbankenkredite zurückgegriffen und mussten infolge dieser Modalitäten erstens weniger auf

---

[114] 1,5 Billionen Dollar wurden, so die Schätzungen, durch die Krise insgesamt ›verbrannt‹.

[115] Sarah Wagenknecht, Freiheit statt Kapitalismus, Frankfurt 2011, S. 187. Wenn nicht anders vermerkt, sind die folgenden Zahlen dem sehr gut recherchierten Buch entnommen. Die Seitenzahlen sind jeweils in Klammer angegeben.

die Zahlungsfähigkeit achten (sie konnten bei Zahlungs-
schwierigkeiten ja jederzeit neue Kredite bekommen)
und entsprechend weniger Kapital bei den Zentralbanken hinterlegen (Reservekonto), und sie mussten zweitens ihre Kredite mit weniger Eigenkapital unterlegen.
Das ist so lange kein Problem, solange die Banken sich
untereinander vertrauen.

Im Zuge des Basel I und II Abkommens Ende der
80er Jahre sind die Banken verpflichtet worden, ihre
Kredite mit einer ungewichteten Eigenkapitalquote von
8% zu unterlegen. Damit, so könnte man meinen, wäre
eine Bank in der Lage, mit 1 Million Euro 12,5 Millionen Euro Kredit zu generieren. Aber dies ist Augenwi-
scherei, da die 8% nicht für jeden Kredit gelten. Je nach
Risiko muss nur ein bestimmter Anteil der Kreditsum-
me mit 8% Eigenkapital unterlegt werden. Für Banken
und OECD-Ländern und erstklassig benotete Invest-
mentgesellschaft gilt zum Beispiel eine Risikogewich-
tung von 20%. Wenn also die in Insolvenz gegangene
erstklassige Investmentbank Lehman Brothers sich damals bei einer anderen Bank einen Kredit von 10 Millionen Dollar besorgt hätte, würde sich dieser bei der kre-
ditgewährenden Bank nur als Risikoaktiva von 2 Millionen Dollar niederschlagen. Nur diese Summe muss
dann mit 8% Eigenkapital unterlegt werden, also mit
160.000 Dollar. Das heißt, nur 1,6% der Verluste wären
im Pleitefall gedeckt. Rechnet man umgekehrt, kann
man also für einen Dollar 62,5 Dollar Kredit schaffen,
das ist ein Multiplikator von 62,5. Das bestehende Re-

gelwerk bedeutet also für die Finanzdienstleister eine Lizenz zum Gelddrucken, denn *»die Banken können sich gegenseitig zu mehr oder minder »innovativem« Eigenkapital verhelfen, mit diesem Eigenkapital neues Kreditgeld schaffen, mit dem Kreditgeld, wenn nötig, wieder Eigenkapital und so noch mehr Kredit.«* (S. 74) So hatte die Deutsche Bank zum Beispiel im Jahr 2007 Eigenkapital von unter 30 Milliarden Euro und bewegte damit Aktiva von über 2000 Milliarden Euro (S. 71).

Dieses Verhalten der Banken spiegelt sich deutlich in der Kreditvergabe wider. Bei großen Banken betrug 1999 in Deutschland der Anteil an Interbankenkrediten 35%. Bis 2007 stieg der Prozentsatz auf 55%. Als nach der großen Vertrauenskrise der Banken untereinander der Interbankenmarkt mit Hilfe des Staates reaktiviert wurde betrug er 2009 immer noch 50%. Das bedeutet, jeder 2. Krediteuro einer Großbank geht in Deutschland an eine andere Bank, wird also nicht investiert. (In den USA gingen 2007 sogar absurde 80% an andere Banken (S. 39f.)). Darunter hatten in erster Linie die sogenannten KMUs (kleine und mittelständische Unternehmen mit bis zu 500 Millionen Euro Umsatz) und kleine Unternehmen und Betriebe bis 10 Beschäftigte zu leiden. Den KMUs wurden 2008 16% der Kredite und den kleinen Betrieben mit bis zu 10 Beschäftigten 26% der beantragten Kredite verweigert (S. 37).

Fragt man sich weiter, wo diese Unsummen an Geld bleiben und warum sie nur kleine Inflationsraten verursachen, so stellt man fest, dass dieses Geldvermögen die

Gütermärkte kaum berührt und nur geringe Konsumwirkung hat. Stattdessen bleibt dieses Geld im Finanzmarkt. Mit dem Geld werden Anleihen, Aktien und verbriefte Kreditpapiere gekauft und es wirkt hier tatsächlich inflationär, indem die Kaufnachfrage die Preise dieser Wertpapiere nach oben treibt, was man dann allerdings nicht mehr Inflation, sondern »Wertsteigerung« nennt und Ausdruck erfolgreicher Wirtschaftsentwicklung ist (S. 79). So hat sich von 1991-2008 der Wert von Aktien, Anleihen und anderen Wertpapieren in den Büchern der Großbanken auf das 18fache erhöht (S. 40).

Neben dieser einzigartigen und mehr oder weniger unkontrollierten Vermehrung des Kapitals als solcher kommt die außergewöhnliche Konzentration dieser Vermögenswerte in der Hand Weniger als zusätzlicher Machtfaktor hinzu.

Das globale Investmentbanking wird von einem Oligopol von 12 Finanzgiganten beherrscht. Nur maximal 20 Banken weltweit ist es erlaubt, auf dem sogenannten Parkett des Primärmarkts mitzuspielen (S. 55). Hier wird die billionenschwere Flut der unterschiedlichsten Papiere (sämtliche Derivate und alle Arten von Kreditausfallversicherungen und Schuldverschreibungen) zusammengebastelt und dann über die Sekundärmärkte an die Anleger weitergereicht. Die Investmentbanken des Primärmarktes sind also weitgehend konkurrenzlos und können die sogenannten Finanzinnovationen entsprechend teuer auf dem Finanzmarkt verkaufen und machen bei jedem dieser Geschäfte lukrative Gewinne. 7 Großbanken beherrschen mehr als 90% des Derivatehandels mit einem Volumen von 200 Billionen Dollar, und nur 5 Häuser (J.P. Morgan, Goldman Sachs, Morgan Stanley, Barclays Group und die Deutsche Bank) teilen sich den Markt für Kreditausfallversicherungen (CDS) von insgesamt 60 Billionen Dollar (S. 56).

Aber nicht nur bei den Banken und Investmenthäusern weiten sich die Konzentrationsprozesse aus: Die Renditen, die im Finanzsektor verdient werden, üben auch auf die Großkonzerne der Realwirtschaft ihren Reiz aus. Warum investieren, so fragen sich wohl viele Manager in den Chefetagen von Großunternehmen, wenn man anders scheinbar leichter und mehr Geld verdienen kann. So stiegen immer mehr Unternehmen in den Finanzmarkt ein, um ihre Renditen zu erhöhen und die Aktienkurse nach oben zu treiben.

Die Porsche AG verdiente 2006/2007 viermal so viel bei Finanzoperationen wie mit dem Verkauf ihrer Sportwagen, blieb dann allerdings nach dem Crash auf einem Milliardenverlust hängen.

Die Investitionsausgaben deutscher Firmen sanken im Zeitraum von 1993 bis 1999 von 75,6 auf 60,4% des Cashflows, die Ausgaben für Aktien und Investmentzertifikate und Beteiligungen stiegen demgegenüber von 1,9% auf 27,6% (S. 94f.).

Die Relation von Sachkapital zu Finanzvermögen amerikanischer Produktionsunternehmen veränderte sich von den 50er Jahren bis zum Jahr 2000 von 4:1 auf 1:1, jeder zweite Dollar wird heute also in den Finanzmarkt gepumpt und nicht in das Unternehmen investiert (S. 94f.).

Wie in Deutschland und den USA hat sich global der Konzentrationsprozess fortgesetzt. Die 500 größten Weltkonzerne kontrollieren die Hälfte der globalen Wirtschaftsleistung. Zwei Drittel des Welthandels werden von und zwischen diesen Konzernen abgewickelt. Und entsprechend der gestiegenen Bedeutung des Finanzmarktes ist auch hier im letzten Jahrzehnt die Profitentwicklung explodiert und hat sich von 1994 bis 2007 von 250 Milliarden auf 1592 Milliarden Dollar versechsfacht (91f.).

Das nicht-konsumtive[116] Vermögen, also Produktivvermögen oder Geldvermögen, das sich aus Dividenden, Zinsen und Gewinnen generiert, beträgt in Deutschland 600 Milliarden Euro und entspricht etwa einem Drittel des Volkseinkommens. Die Nettoanlageninvestition liegt seit Jahren jedoch unter 100 Milliarden Euro (S. 131). Das bedeutet, dass etwa 5/6 des nicht-konsumtiven Einkommens in Anlagemöglichkeiten investiert werden, die vom Finanzsektor zur Verfügung gestellt werden. Diese 500 Milliarden Euro sind ganz überwiegend in der Hand von 1% der Bevölkerung. Dieses Prozent repräsentiert nicht den normalen Arbeitnehmer und Einkommensbezieher, sondern den kleinen Kreis von etwa 800.000 Millionären und Multimillionären. Von den 80 Millionen Menschen in Deutschland

---

[116] Einkommen aus Löhnen und Gehältern sowie Staatseinnahmen (Steuern und Gebühren) für Staatsgehälter, Renten und soziale Leistungen werden hier als konsumtiv bezeichnet, da sie zum überwiegenden Teil ausgegeben werden und in den Konsum fließen

haben also etwa 79 Millionen keinen Zugriff auf dieses Geldvermögen (S. 130).

»Die große Zeit eines sozialdemokratischen Marxismus, eines Kapitalismus mit menschlichem Antlitz, waren die 50er und 60er Jahre« sagt der hochangesehene britische Sozial- und Wirtschaftshistoriker Eric Hobsbawn in einem Interview mit der Frankfurter Rundschau. Und ab den 70er Jahren, so Hobsbawn weiter, war es *»nicht mehr möglich, sowohl den Unternehmen genug Profit und den Arbeitnehmern genügend Lohnzuwächse zugleich zu ermöglichen.«* [117] Der durchschnittliche reale Nettoverdienst lag in Deutschland 2006, mitten im Aufschwung, auf dem Niveau von 1986 (S. 139) [118], während die Profit- und Vermögenseinkommen explodierten. 20 Jahre Wirtschaftsentwicklung sind an den Beschäftigten ohne Wohlstandseffekte vorbeigegangen.

Um die Binnennachfrage und damit die Konjunktur zu stärken, wäre es sinnvoll, die frei floatenden Profite von 500 Milliarden Euro im konsumtiven Sektor anzulegen: Investitionen in die Beschäftigten, indem höhere Löhne gezahlt werden, Investitionen in Anlagen und Produktinnovationen, um wettbewerbsfähig zu bleiben, oder Tilgung der Staatsschulden, in dem von den Vermögensbesitzern höhere Steuern erhoben werden. Was

---

[117] Frankfurter Rundschau vom 16. 11. 2011.

[118] Im Vergleich dazu befinden sich in den USA, dem am weitestgehend dem neoliberalen Konzept unterworfenen und kapitalisierten Land, die realen durchschnittlichen Löhne auf dem Stand der 50er Jahre (S. 140).

geschieht aber tatsächlich? Das gewaltige Kapital verlangt nach Zinsen und Profit. Die Vermögenswerte werden wieder in Wertpapiere mit möglichst hohen Renditen angelegt, unabhängig davon, ob dies eine sinnvolle Verwendung ist oder nicht, und bleiben somit als immer größer werdende »Blase« dem Finanzsektor erhalten. Nach den Zahlen des Vermögensreports der Investmentbank Merill Lynch besaßen allein die etwa 3 Millionen europäischen Millionäre Ende 2009 ein Finanzvermögen von 9,4 Billionen Euro, etwa so viel wie die EU-Staaten an Schulden haben. 2007 betrug das Vermögen der Millionäre 7,5 Billionen Euro. In nur 2 Jahren ist es also um knapp 2 Billionen angeschwollen. Millionärsvermögen und Staatsschulden sind in den letzten 20 Jahren weitgehend im Gleichschritt gewachsen. Eine Vermögensblase steht der Schuldenblase gegenüber. Der Zusammenhang ist schwerlich zu übersehen.

Diese Blase des Finanzsektors ist im Jahr 2008 das erste Mal geplatzt und hat nicht nur das Bankensystem, sondern auch die Weltwirtschaft an den Rand einer Mega-Katastrophe geführt. Das Blut des Misstrauens war damals auf dem Höhepunkt der Finanz- und Wirtschaftskrise 2008/2009 ins Haifischbecken gesickert und die Haifische begannen sich gegenseitig zu zerfleischen. Die Banken gaben sich gegenseitig keine Kredite mehr, jede Bank versuchte sich zu retten, der Interbankenkreditfluss kam praktisch zum Erliegen.

Da es kein funktionierendes, systemimmanentes Krisenmanagement zum Aufbau von Vertrauen gab, wurde der Ruf nach dem Staat laut. Paradoxerweise gerade von denen, die sich bisher am stärksten gegen Staatseinflüsse gewehrt haben, den Finanzinstituten. Beispiellose Milliardenbeträge wurden damals vom Staat in die Märkte gepumpt. In den USA waren es im Oktober/November 2008 700 Milliarden Dollar, in Deutschland handelte es sich um eine Finanzhilfe von 500 Milliarden Euro. 80 Milliarden Euro für eine Kreditermächtigung, mit der Finanzspritzen für die Unternehmen zur Eigenkapitalstärkung und mögliche Risikoübernahmen finanziert wurden, und eine 400-Milliarden-Euro-Bürgschaft für die Banken. Die Bürgschaft ist mit einem Verlustrisiko von fünf Prozent behaftet. 20 Milliarden Euro könnten als zusätzliche tatsächliche Belastungen aus dem Fonds auf den Haushalt zukommen, würden also von uns Steuerzahlern zu begleichen sein.

Um die Größenordnung dieser Belastungen zu verdeutlichen: Die Hartz IV-Ausgaben insgesamt betrugen demgegenüber 22 Milliarden Euro.

Auch die Deutsche Bank wurde indirekt durch die staatliche Rettung der IKB, der HRE, die AIG und andere vor der Insolvenz bewahrt. Sahra Wagenknecht hat errechnet, dass ohne diese Rettungsmaßnahmen das Eigenkapital der Deutschen Bank um 20 Milliarden Euro belastet worden wäre. Bei einem Eigenkapital von knapp 30 Milliarden hätte sie mehr als 20 Milliarden abschreiben müssen und wäre also bankrott gegangen.[119]

Die Erosion des Sozialen

»Ich glaube, es ist ein Riesenproblem der Gegenwart, dass die Entwicklung des Kapitalismus im letzten halben Jahrhundert die moralische Konvention ausgehöhlt hat. Die Regeln, die die menschliche Existenz eingrenzen, wurden durch den grenzenlosen Kapitalismus allesamt zerstört.« So die pessimistische Analyse Eric Hobsbawns in einem Interview.[120]

Das kapitalistische Wirtschaften vernichtet alles, was sich im Markt nicht durchzusetzen vermag oder sich den ungebändigten Kräften des Marktgeschehens entgegenstellt. Es gibt nach den kapitalistischen Maximen nur noch Sieger und Besiegte, oder Hammer oder Amboss, wie sich Oskar Negt einmal ausdrückte. Dazwischen erodiert die soziale Landschaft.

»Wenn es richtig ist, dass Stagnation, Handlungsunfähigkeit, Perspektivlosigkeit und Zukunftsangst gegenwärtig die dominierenden Gefühle weiter Teile der Bevölkerung beschreiben, dann liegt sozialpsychologisch der Schluss nahe, dass die deutsche Gesellschaft sich in einem höchst labilen Zustand befindet. Dieser Zustand von Labilität ist im Augenblick noch nicht in aller Deutlichkeit sichtbar, weil er sich in einem Gehäuse entfal-

---

[119] Sahra Wagenknecht, Freiheit oder Kapitalismus, Frankfurt 2011, S. 231.

[120] Frankfurter Rundschau vom 16. 11. 2011..

*tet, das nach wie vor durch ein relativ hohes materielles
Niveau ... charakterisiert ist.*" Dies schrieb Harald Welzer, Professor an der Universität Witten-Herdecke, im
November 2002. Heute ist auch das materielle Niveau
gefährdet, nicht nur für das untere Viertel der Gesellschaft (»die Besiegten«), sondern auch für die mittlere
Mittelstands-Hälfte (diejenigen zwischen »Sieger und
Besiegten«). Lediglich das obere Viertel (»die Sieger«)
hat, wie ich oben zu zeigen versucht habe, vom Kapitalismus profitiert. Der von Welzer vor neun Jahren diagnostizierte »höchst labile Zustand« droht bei der Mehrheit der Bevölkerung zu kippen.

Der Psychoanalytiker Wolfgang Schmidtbauer hat in
einem Interview mit dem Zeit Magazin zu der Finanzkrise des Jahrs 2009 gesagt: *»Wirklich besorgniserregend ist die Erkenntnis, dass die Experten nicht wissen,
welche Werkzeuge sie wie handhaben müssen. Und
wenn die Experten nicht wissen, wer dann? Darüber
muss man sich Gedanken machen ... Wie könnte man
die Leute, die es im Voraus gewusst haben, gesellschaftlich so stärken, dass sie uns beim nächsten Mal nicht
nur rechtzeitig warnen, sondern wir ihnen auch glauben? Und wie kann man gleichzeitig die breite Masse
von Pseudoexperten, die nicht wissen, welche Folgen
ihre Ratschläge und ihr falscher Trost haben, so schwächen, dass ihnen niemand mehr hinterherläuft? ... Jetzt
hätten wir eine Chance, dass man aus diesen Erfahrungen lernt ... [Die Probleme] sind nur lösbar, wenn die
Experten wieder mehrheitlich das Gemeinwohl beden-*

ken und nicht Schneeballsysteme basteln.«[121]

Bis heute, gut zwei Jahre nach dem Höhepunkt des Finanzmarkt-Crash, ist in dieser Richtung nichts wirklich Entscheidendes geschehen und die Idee, dass der Markt sich selbst zu kontrollieren vermag und sich naturgemäß auf eine Stabilität zubewegt, ist sinnloser denn je.

Die beabsichtigten oder unbeabsichtigten Folgen des Marktliberalismus spiegeln sich in den Menschen, die sich in ein solches System eingebunden sehen, in Gefühlen von Unstetigkeit, Orientierungslosigkeit, Schutzlosigkeit, Misstrauen, Unsicherheit und Angst wider.[122] Der Fundus enttäuschter Glückserwartungen, uneingelöster narzisstischer Ansprüche und verletzten Selbstwertes wächst. Die Arbeitnehmer, die sich in der Krise für ihr Unternehmen eingesetzt und finanzielle Einbußen hingenommen hatten, fühlen sich ausgenutzt, leiden unter der Nichtanerkennung ihrer Person – und ihrer Leistung. Das Gefühl des Ausgeliefertseins und der Ohnmacht, gekoppelt mit der um sich greifenden gesellschaftlichen Nichtanerkennung erbrachter Leistungen, wird begleitet auch von der Angst vor Identitätsverlust.

Kaufen, verkaufen (auch sich selbst), das Entwickeln von Unternehmermentalitäten wird von dem neoliberalen Wirtschaftfundamentalismus als Schlüsselqualifika-

---

[121] Zeit Magazin Nr. 13 vom 19.3. 2009, S. 31

[122] Vgl. dazu und zu Folgendem auch: Henning Schramm, Recht auf Ineffizienz, Münster 2005.

tionen an die Bürger formuliert. Soziale Bindungskräfte und Solidarität wirkten da eher wie Sand im Getriebe. In einer Gesellschaft, in der alle Unternehmer sind, steht jeder gegen jeden. Erst recht natürlich, wenn, wie jetzt, die materielle Basis prekär wird. Misstrauen breitet sich aus. Zum einen bröckelt die Vertrauensbasis gegenüber den wirtschaftlichen Eliten. Zum anderen gegenüber den politischen Eliten und Parteien, die dieses Modell gestützt hatten. Der politische Vertrauensverlust wird sichtbar in den Wahlenthaltungen wie auch den miserablen Politikerbewertungen und hat aufgrund der Untätigkeit der politischen und wirtschaftlichen Eliten bis heute, wo neue Krisen den Himmel verdüstern, stetig zugenommen.

Immer mehr gesellschaftliche Handlungsfelder sind in den Sog der Ökonomie geraten und wurden und werden kapitalistischen Gesetzmäßigkeiten unterworfen. Die Ökonomisierung der Gesellschaft und des Denkens hat bedrohliche Ausmaße angenommen. Schulen, Universitäten, Pflegeheime und Krankenhäusern werden unter ökonomischen und Renditegesichtspunkten geführt, Nutzer dieser Einrichtungen wandeln sich zum Kunden, die Beziehung zwischen diesen Einrichtungen und den Menschen, die sie in Anspruch nehmen, zur abstrakten Kundenbeziehung.

»Es ist ein kennzeichnendes Merkmal der gegenwärtigen Funktionsweise des Kapitalismus und des Warenverkehrs, dass Menschen fortwährend angestachelt werden, ihre Ich-Bezogenheit möglichst bedenkenlos in Wirtschaftskraft umzusetzen; in diesem sozial-

darwinistisch ablaufenden Überlebenskampf gibt es offenbar kein Drittes: Entweder Amboß oder Hammer, entweder Verlierer oder Gewinner.«[123] Das Zitat von Oskar Negt beleuchtet schlaglichtartig den Zustand unserer Gesellschaft. Profitstreben, die Sicherung des eigenen Gewinns auf Kosten der Niederlage anderer. Der neue Mensch, der sich an der Ethik des Erfolgs orientiert, so Negt weiter, ist definiert als der allseitig verfügbare Mensch, in dem sich Ruhelosigkeit und das Getriebensein zur Ideologie der selbst gesetzten und autonomen Bewegungsfreiheit verfestigt haben.

Diese Bestrebungen selbst sind nichts Neues. Neu ist der hohe, seit Jahrzehnten nahezu unwidersprochene Stellenwert, den nicht kooperative Ziele in der heutigen Gesellschaft einnehmen. So sieht auch Oskar Negt die absolut neue Situation darin, dass *»die Kapital- und Marktlogik von nahezu allen Barrieren, Kontrollen, Widerständen, Gegenmachtpositionen befreit ist«*, und zieht den Schluss, dass die *»Erosion dieser kollektiven Widerstandspotentiale, ob sie nun den Staat, die sozialen Sicherungssysteme oder die Kampfbereitschaft von Organisationen der Arbeiterbewegung betreffen, den solidarischen Zusammenhalt der Gesellschaft gefährdet«.*[124]

Mit der Okkupierung der sozialen Macht durch den Markt und seine Mechanismen verwandelt sich der

---

[123] Oskar Negt, Der Bürger ist derjenige, der Mut zum Eigensinn bewahrt. In Frankfurter Rundschau vom 17. 9. 2002.
[124] Oskar Negt, Arbeit und menschliche Würde. Göttingen 2002, S. 36.

Mensch vom Subjekt zum Objekt des Geschehens. Die Erwerbsgesellschaft verwandelt sich in eine Gesellschaft von ›Jobholders‹, in der der Einzelne nur noch im Sinne kapitalorientierter Marktregeln funktioniert, wie das Hannah Arendt[125] schon in den Sechzigerjahren vorausgesehen hat. Im Kampf aller gegen alle um Arbeitsplätze und seinen Anteil am Wohlstand tritt Einzelkämpfertum an die Stelle von Solidarität. Die kapitalistische Marktwirtschaft mag allenfalls, so Marion Dönhoff, *»den Magen kurieren, die Seele aber wird ruiniert ... Alles ist konzentriert aufs Produzieren und Konsumieren. Alles andere ist an die Peripherie gedrängt: alles Humane, die Kunst, Ethik.«*[126]

Und sie erodiert die Identität der Gesellschaftsmitglieder. Der von Oskar Negt eingeführte Begriff der ›Erosionskrise‹ macht dies deutlich. Von den herkömmlichen Krisen unterscheidet sich nach Negt die Erosionskrise insbesondere dadurch, dass *»sie die Subjekte in ihrer seelischen, körperlichen und geistigen Grundausstattung erfassen. Krisen diesen Typs verändern die Subjekte in ihren wichtigsten Lebensäußerungen, in ihrem Arbeitsverhalten, in ihrem Selbstwertgefühl, in ihren Wert- und Bedürfnisorientierungen ...* [Charakteristisch hierfür ist] *eine Norm- und Orientierungslosigkeit, die in den Individuen, auch wenn ihre soziale Lage, ja, die der Gesamtgesellschaft relativ stabil erscheint, Gefühle der Vereinsamung und Verlassenheit, Angstzu-*

---

[125] Hannah Arendt, Vita activa oder Vom tätigen Leben. München 1960, S. 314.
[126] Alice Schwarzer, Marion Dönhoff. Köln 1996, S. 243.

stände aus Macht- und Hilflosigkeit bewirkt.«[127]

In den letzten 30 Jahren ist eine starke Tendenz zu beobachten, dass sich der Staat, wie ich zu zeigen versucht habe, als Regulator wirtschaftlicher und sozialer Prozesse zurückzieht und die Risiken kapitalistischen Wirtschaftens den atomisierten Individuen überlässt. Wenn jemand nicht stark genug ist und sich in dieser von marktwirtschaftlichen Gesetzen dominierten Gesellschaft nicht entsprechend gut verkaufen kann, muss er eben Bankrott anmelden – wie in der Wirtschaft auch. Die Gesellschaft als Ganzes wie auch die politische und wirtschaftliche Elite unserer Gesellschaft im Besonderen ist in vielen Bereichen der Handlungsorientierung und des Denkens nicht mehr sehr weit von diesem idealtypischen marketing-gestylten Homo Ökonomicus entfernt ist.

Indiz dafür ist, dass kein Sturm der Entrüstung durch das Land fegte, als der Vorsitzende des Sachverständigenrates, Wolfgang Wiegard, bei der Vorstellung des Jahresgutachtens im November 2002 der Bundesregierung empfahl: *»Wir brauchen in Deutschland mehr soziale Ungleichheit, um mehr Beschäftigung zu bekommen.«*[128] Ein Indiz für den Verfall von Verantwortungsgefühl ist auch, wenn Spitzenmanager eines Unternehmens in einem Atemzug Milliardengewinne und gleichzeitig den Abbau von Tausenden von Arbeitsplätzen

---

[127] Oskar Negt, ebenda S. 123.

[128] Zitiert nach: Frankfurter Rundschau vom 14. November 2002.

verkünden. Ein solch rücksichtsloses unternehmerisches Denken wird von dem marktwirtschaftlich durchtränkten Homo Ökonomicus offenbar hingenommen, ohne dass die Unternehmen einen Aufstand befürchten müssen.

»Nie zuvor in der Geschichte ist der Kapitalismus so sehr von kulturellen Barrieren befreit gewesen, sein eigenes Bild vom Menschen, das an Konkurrenz, Überlebenstraining, auch räuberischem Besitzindividualismus orientiert ist, zu einer die Ethik einer ganzen Gesellschaft bestimmenden Weltsicht zu machen«, sagt Oskar Negt[129]. Und Roger Willemsen drückt diesen gesellschaftlichen Zustand in seinem Buch ›Deutschlandreise‹ so aus: *»Unvorstellbar, welche Kultur man haben könnte, wenn man an Problemen arbeitete statt an Bilanzen, wenn jeder nur das täte, was er gesellschaftlich für wichtig, und nicht, was er für profitabel hält.«*[130]

Vor diesem Hintergrund muss im Mittelpunkt jeder Politik mehr denn je der Mensch, dessen Würde und Einzigartigkeit, dessen Wohlergehen und dessen physisches und psycho-soziales Wohlempfinden stehen. Wirtschaftswachstum ist kein Fetisch und kein Wert an sich. Wirtschaftswachstum ist nur dann sinnvoll, wenn es den Wohlstand mehrt und Arbeitsplätze schafft, nicht aber, wenn er dazu führt, dass die Gewinne der Unternehmen steigen, die innerhalb des Finanzmarktes bleiben und als Geldvermehrungsmaschine dienen. Ziel

---

[129] Oskar Negt, »Der Bürger ist derjenige, der Mut zum Eigensinn bewahrt«. In: Frankfurter Rundschau vom 17. 9. 2002.

[130] Roger Willemsen, Deutschlandreise. Frankfurt/Main 2002, S 41.

muss die positive Wertschöpfung und die Steigerung des *»privaten wie gemeinschaftlichen Wohlstands«*[131] sein, nicht eine blinde Steigerung einer Betriebsbilanz wie das Bruttoinnlandprodukt (BIP). Das BIP, aktueller Gradmesser des Wirtschaftswachstums, kennt nur ›schwarze‹ Zahlen. Das bedeutet, auch ›Misswertschöpfung‹ (Wolfgang Sachs), wie zum Beispiel die Kosten, die bei einer Umweltkatastrophe entstehen, schlägt sich positiv in der Bilanz des BIP nieder und trägt zum Wachstum des BIP bei.

Und wir müssen Arbeit entwerten. Arbeit als einzige oder dominante Art der Selbstverwirklichung muss einer Kultur des Genusses zur Seite gestellt werden[132] – Lernziel Lebensgenuss als Widerpart zu den unersättlichen Ansprüchen der Hochleistungsgesellschaft. Genießen-Lernen im Sinn von zweckfreiem, angstfreiem Sein, von der Befreiung vom Terror der Zeit, von Hinwendung zum Schönen und Abkehr vom Produktiven.

---

[131] Vgl. Wolfgang Sachs, Unwirtschaftliches Wachstum. In: Frankfurter Rundschau vom 1. Juli 2005, S. 29. Zu diesem Wohlstand zählt Sachs u. a. Sicherheit der Städte, Erhaltung der Natur, Stärkung des sozialen Zusammenhalts, Gerechtigkeit der Institutionen.
[132] Vgl. Dazu auch Svenja Flaßpöhler, Wir Genussarbeiter, München 2011.

»Banken entmachten, Reichtum umverteilen, Demokratie erkämpfen«[133]

»Die jetzige große Krise stellt das Endprodukts des Wandels von realkapitalistischen zu finanzpolitischen Rahmenbedingungen dar (gewissermaßen die Frucht aus neoliberaler Blüte).«[134] Die Theorie des neoliberalen freien Marktes, in dem sich *»das Gewinnstreben auf die selbstreferenzielle Geldvermehrung konzentriert hat«* (so die Definition von Finanzkapitalismus bei Schulmeister, ebda. S. 37), hat sich als Irrweg erwiesen.

Die Frage ist, durch was wird sie ersetzt? Geht es um die Bereiche Politik, Ökonomie und Gesellschaft gibt es keine wahre, unzweifelhafte Objektivität – und also auch keine Alternativlosigkeit. In den Auseinandersetzungen der Experten stoßen die Meinungen hart aufeinander. Auf eine Expertise folgt prompt eine Gegenexpertise, die für ihre Argumentationslinie und ihren Standpunkt gute Gründe vorzubringen in der Lage ist. *»Gebraucht wird eine Vision von einer Gesellschaft«*, so der Wirtschaftswissenschaftler Prof. Dr. Rudolf Hickel, *»die die Effizienzvorteile der Märkte nützt, jedoch den Wettbewerb in eine politische Ordnung ökonomisch, so-*

---

[133] So eine Forderung von Jutta Sundermann, der Attac-Mitbegründerin, in einem Interview mit der Frankfurter Rundschau vom 13.11.2011.

[134] Stephan Schulmeister, Mitten in der großen Krise. Ein »New Deal« für Europa. Wien 2010, S. 24. Zum langfristigen Aufbau des Potenzials für die jetzige große Krise, siehe Schulmeister, ebda. die Seiten 24 – 33.

zial und ökologisch zielgerichtet einbindet.«[135] Gefordert ist eine grundsätzliche Diskussion darüber, wie die Allmachtposition der Ökonomie gebrochen werden kann, was das Ziel eines Gemeinwesens ist und wie das Ziel erreicht werden kann. Die Entscheidung darüber, was gemeinschaftlich und das gemeinschaftliche Ziel ist, bestimmen die Bürgerinnen und Bürger, und im Auftrag der BürgerInnen das Parlament – und nicht die Ökonomie.

Jetzt, in Zeiten der Krise, haben Gedankengänge und Thesen, die lange Zeit belächelt oder geringschätzig beiseitegelegt wurden, wieder eine Chance, ernsthaft diskutiert zu werden. Peter Ulrich, Professor und Gründer des Instituts für Wirtschaftsethik in St. Gallen, erinnert daran, weil es offenbar in Vergessenheit geraten ist: *»Die normative Logik des Vorteilstauschs ist keineswegs identisch mit der Zwischenmenschlichkeit, also dem Kern der ethischen Vernunft ... Die Gesichtspunkte, die für das gute Leben und Zusammenleben zählen, insbesondere die Gerechtigkeit, können nicht auf Effizienz reduziert werden.«*[136]

Die Krise hat viele zum Einlenken und Umdenken bekehrt. Sie bietet nun die Chance für eine neue Diskussion verantwortungsvollen, nachhaltigen Wirtschaftens in sozialer Verantwortung. Dass Jack Welch, der ehemalige Chef des US-Konzerns General Electric (GE),

---

[135] Rudolf Hickel, Politisch gestalteter Kapitalismus, in: epaper der Frankfurter Rundschau vom 17.10.2011, S. 2.
[136] Peter Ulrich, in: Handelsblatt Nr. 47/2009, S. 9.

der Financial Times kundtat, dass »*Shareholder-Value die dümmste Idee der Welt*« sei, lässt aufhorchen. War Welch doch als ein Manager mit skrupellosen Methoden und für seine sehr harte Gangart bekannt, um seine Aktionäre zufrieden zu stimmen. Ein Umdenken, bei dem der Mensch nicht auf Effizienz reduziert ist und nicht »die normative Logik des Vorteilstauschs« im Mittelpunkt steht, ist mehr als notwendig, um die schmerzenden sozialen Wunden zu therapieren. Die Erosionskraft neoliberalen Wirtschaftens auf die Gesellschaft ist durch die Ereignisse in den Jahren 2008 bis 2012 bestätigt worden und heute bittere Realität. Die Propheten, die den zügellosen freien Markt und Shareholder-Value als Motor eines allgemeinen Wohlstandes rechtfertigten, und unter diesem Deckmantel die Aktionärsrechte erweiterten und die Finanzmärkte liberalisierten, haben falsch prophezeit und saßen einem fundamentalen Irrglauben auf. Sie haben der Welt, der Wirtschaft und mehr noch der Gesellschaft großen Schaden zugefügt, der nur schwer wieder zu beheben sein wird.

Leitlinien
eines Demokratischen Marktsozialismus

Im Folgenden soll versucht werden, Leitlinien einer neuen sozialen Wirtschaftsordnung zu skizzieren und zur Diskussion zu stellen, in der die Ideologie des Kapitalismus als dominantes Merkmal des Wirtschaftgeschehens keinen Platz mehr hat.

Basis eines solchen Ansatzes muss meines Erachtens sein:

- die Wirtschaft wieder in den Dienst des Menschen zustellen, sozialen und wirtschaftlichen Wohlstand zu sichern und ein menschenwürdiges Leben in solidarischer und demokratischer Verantwortung zu ermöglichen, und

- die Ordnungsfunktion des Staates und der Politik, national und international mit Blick auf die Stärkung des Steuerungsprinzips ›Kooperation‹ gegenüber dem Steuerungsprinzip ›Konkurrenz bzw. Markt‹ sowie die Stärkung der Interessen von Realkapital und Arbeit[137] zu verbessern.

Wie bereits die Gründer der sozialen Marktwirtschaft gesehen und formuliert haben, ist unabdingbare Voraussetzung für eine soziale Wirtschaftsordnung die Begrenzung wirtschaftlicher Macht und politischer Herrschaft. Letzteres wird durch die demokratische Prinzipien und Institutionen zu erreichen versucht. Die Begrenzung wirtschaftlicher Macht ist fehlgeschlagen und gefährdet nicht nur die Demokratie, sondern erodiert auch das soziale Leben und die Würde des Menschen, wie oben gezeigt wurde. Aus diesem Grund ist eine grundlegende Struktur-Reform des Wirtschaftens und eine strikte Regulierung des Marktes und einzelner Marktteilnehmer unentbehrlich. Auch, wenn viele Aspekte des hier vor-

---

[137] Vgl. hierzu Stephan Schulmeister, Mitten in der großen Krise. Ein »New Deal« für Europa. Wien 2010, S. 76.

gestellten Demokratischen Marktsozialismus (DMS) ihre volle Wirkung erst bei internationaler Implementierung entfalten, so sollte angesichts der dringenden Probleme, wie schon beim Atomausstieg, nicht auf den Konsens der Welt gewartet werden, sondern mutig im eigenen Land und der EU oder zumindest den Euro-Staaten vorangeschritten werden. Auch wenn wir damit Gefahr laufen von den US-Amerikanern als Kommunisten verschrien zu werden, wie das der US-amerikanische Investor Guy Wyser-Pratt getan hat, als er in einer ARTE-Sendung Deutschland und Frankreich als sozialistisch und kommunistisch bezeichnete, weil hier seiner Meinung nach das freie Spiel der Marktkräfte behindert werde.

Demokratischer Marktsozialismus intendiert, die gegenwärtige Praxis des Wirtschaftens umzudrehen. Heute praktizieren das Kapital und die Banken eine Art Sozialismus, indem sie sich die Infrastruktur für profitables Wirtschaften sowie die Verluste und Kosten des kapitalistischen Wirtschaftens vom Einkommens- und Lohnempfängern bezahlen lassen (Sozialisierung der Rahmenbedingungen und Verluste), während die Profite allein der Förderung des Wohlstands privater Eigentümer und Vermögensbesitzer dienen. Beim DMS haften das Kapital, die Finanzdienstleister und Großunternehmer wieder für die eingegangenen Risiken (Reprivatisierung der Verluste) und die Gemeinschaft insgesamt profitiert auf der Grundlage der Gemeinwohlverpflichtung des Eigentums von der wirtschaftlichen Tätigkeit aller Marktteilnehmer durch Steigerung des gesellschaftlichen Wohlstand, indem angemessene Teile der Gewinne der Gemeinschaft, in der diese Gewinne erwirtschaftet werden und die zu ihrer Ermöglichung beigetragen hat, zu Gute kommen (Sozialisierung von Gewinnen und Profiten aus Unternehmertätigkeit und Vermögen in Form von Steuern und Einkommens- und Lohnzuwächsen).

Für die Politik und die gesellschaftliche Diskussion der zukünftigen Entwicklungslinien ergeben sich aus dem bisher gesagten vier Basis-Forderungen:

1. Regulierung und Reformierung des Bankensystems und des Finanzmarkts[138] **sowie Rückführung des Finanzsystems zu ihrer genuinen Aufgabe: Unterstützung der Realwirtschaft mit Krediten**[139]**.**

→Entmachtung und Verkleinerung von Großbanken, deren potenzieller Zusammenbruch die Stabilität der Gesellschaft und der Wirtschaft gefährden würde (to big to fail). Bei Großbanken existiert gegenwärtig wegen ihrer systemischen Funktion für das Bankwesen insgesamt, wie auch für den Kreditfluss und damit auch für die Gesamtwirtschaft de facto eine Staatshaftung, also

---

[138] Vgl. hierzu u.a. Professor Reinhard H. Schmidt, in: Frankfurt Rundschau vom 22.10.2011, Stephan Schulmeister, Mitten in der großen Krise. Ein »New Deal« für Europa, Wien 2010 sowie Sarah Wagenknecht, Freiheit statt Kapitalismus, Frankfurt 2011.

[139] Beispiel Deutsche Bank: ganze vier Prozent flossen nach Wagenknecht bei dieser Bank in das Kerngeschäft, »der Rest ist Wetten, Zocken, Spekulieren«.

ein System institutioneller Haftungsfreiheit und Verlust-
sozialisierung bei gleichzeitiger Gewinnprivatisierung.
Die Stabilität des Bankensektors ist ein öffentliches Gut,
deswegen ist zu überlegen, inwieweit solche systemre-
levanten Großbanken als Privatbanken ohne staatliche
Beteiligung eine Existenzberechtigung haben, oder ob
sie gänzlich in Staatseigentum überführt oder zumindest
in Form einer Sperrminorität (zum Beispiel 25+1%-
Beteiligung) vom Staat kontrolliert werden müssen.

→Entmachtung der Finanzoligarchie, aber Erhaltung
privater Banken ohne systemischen Charakter.

→Innerhalb des Banken- und Finanzdienstleistungs-
sektors sind radikale Regulierungsmaßnahmen einzulei-
ten:

- Deutliche Erhöhung der Eigenkapitalquote der
Banken, weit über das geplante Basel III-Abkommen
hinaus: Die Gefahr eines Zusammenbruchs wäre gerin-
ger, dazuhin verringert sie den Anreiz, zu große Risiken
einzugehen, weil die Bank mit einer größeren Summe
haftet – wer viel einsetzen muss, hat auch viel zu verlieren.

- Verbot von riskanten Geschäften, wie den Eigen-
handel mit Wertpapieren.

- Verbot von Bonussystemen, die Anreize schaffen,
hohe Risiken einzugehen.

- Verbot von Derivaten, die nicht der unmittelbaren
Absicherung von Realmarktgeschäften dienen. Begrenzung und behördliche Zulassung aller anderen Derivate.

- Verbot von Spekulationen auf fallende Kurse, Leerverkäufe usw.

- Strenge Regulierung aller börslichen und außerbörslichen Geschäftstätigkeiten (OTC).

- Volle Haftung für alle Finanzgeschäfte bei Verlusten.

- Vorsorge in guten Zeiten dafür, dass im Falle einer Pleite eine geordnete Abwicklung möglich ist.

- Wie für Banken, so müssen auch strenge Regeln bei der Gründung und den Aktivitäten von Hedge-Fonds, Private-Equity-Unternehmen und Investment-Gesellschaften gelten.

→ Erhalt der Sparkassen- und Genossenschaftsbanken.

→ Überprüfung der Geschäftsmodelle der Landesbanken im Hinblick auf ihre ursprünglichen Aufgaben: die Entwicklung ihrer Region fördern, Infrastrukturprogramme finanzieren, als Girozentrale für die angeschlossenen Sparkassen dienen. Überprüfung der Staatshaftung zur Vergabe billiger Kredite, die wegen Auflagen durch die EU-Kommission (2001) nicht mehr möglich war.

2. Wiederherstellung eines fairen Wettbewerbmarkts auf den einzelnen Teilmärkten der Realwirtschaft sowohl auf nationaler und europäischer Ebene.

→Herstellung einer Wettbewerbssituation, in der Waren nach ihrem eigenen Wert gehandelt werden und die Marktteilnehmer unter gleichen Bedingungen und Chancen und produktionsadäquaten Renditeerwartungen (unabhängig von den überzogenen Renditeerwartungen mancher Finanzinvestitionen von bis zu 20-30%) ihre Waren entsprechend von Angebot und Nachfrage tauschen können.

→Stärkung der Realwirtschaft gegenüber der Finanzwirtschaft.

→Auflösung der privaten Monopole und Oligopole.

→Verschärfung des Kartellrechts.

3. Gemischtes Wirtschaftssystem

»Die Kombination von Markt und Staat, von Konkurrenz und Kooperation, von individueller Entfaltung und sozialer Verantwortung«[140], die die Prosperitätsphase der Nachkriegszeit geprägt hatte, kann ein Anknüpfungspunkt sein, bei dem Versuch, die gesellschaftlichen Interessensgegensätze zu integrieren.

→Private und staatliche Unternehmen und Dienstleistungsanbieter bestimmen gleichrangig das Wirtschaftsgeschehen.

→Leistungen der Grundversorgung für die Bevölkerung müssen in staatlicher oder kommunaler Hand verbleiben, dort, wo sie privatisiert wurden, müssen sie wieder in staatliche oder kommunale Hand zurückge-

---

[140] Stephan Schulmeister, Mitten in der großen Krise. Ein »New Deal« für Europa. Wien 2010, S. 42.

führt werden.

Dazu gehören in erster Linie: Wasserversorgung, Mobilität, wie Straßenbau, öffentlicher Verkehr (Bahn/Schienennetze), Gesundheit, Bildung, Energieversorgung, Umweltschutz und Maßnahmen gegen den Klimawandel, Infrastrukturinvestitionen [141] sowie Rekommunalisierung von Angeboten kommunaler Dienstleistungen wie zum Beispiel Müllabfuhr und ähnliches.

→Verhinderung von Marktmacht und Kontrolle entsprechender Großunternehmen durch Teilung in kleinere wettbewerbsfähige, unabhängige Unternehmensbereiche oder Verstaatlichung beziehungsweise Übernahme von Sperrminoritäten bei Großunternehmen, die gemeinwohlrelevante Bedeutung haben.

Um gemeinwohlrelevante von privater Geschäftstätigkeit zu unterscheiden, bieten sich folgende Kriterien an[142]:

- die monopolistische oder zumindest marktdominante Stellung eines Unternehmens.

---

[141] Voraussetzung hierfür ist allerdings, dass sich der Staat auch dem Gemeinwohl verpflichtet fühlt und nicht, wie jetzt geschehen, die Ungleichheit fördert und das Marktgleichgewicht zugunsten von Großunternehmen zerstört: Im Sommer 2011 hat die Bundesregierung in aller Stille ein Gesetz verabschiedet, das die Großunternehmen bei Stromnetzgebühren zu Lasten der Verbraucher und kleineren Betriebe um 240 Millionen Euro im Jahre 2012 entlasten wird, die dieses Geld, so ist zu vermuten, zum großen Teil als zusätzlichen Gewinn ihren ohnehin reichen Aktionären ausschütten werden.
[142] Vgl. hierzu Sahra Wagenknecht, Freiheit statt Kapitalismus, Frankfurt 2011, S. 324.

- Die Bedeutung des Unternehmens für Beschäftigung und Investitionen in einer wichtigen Branche der Volkswirtschaft.

- die Erbringung einer öffentlichen Dienstleistung.

→Dazuhin muss der Staat viel stärker als bisher die Verantwortung für bezahlbaren Mietraum übernehmen und ein entsprechendes Wohnungsangebot fördern und der Gentrifizierung von Stadtvierteln entgegen wirken.

4. Rückführung der Finanzaktiva, die keine realwirtschaftliche Deckung haben

zugunsten einer gerechteren Einkommensverteilung und zur Verbesserung der Einnahmesituation und Leistungsfähigkeit des Staates: Tilgung der Schulden und Verbesserung staatlicher Aufgaben wie zum Beispiel Bildung, Gesundheit, Infrastruktur und Sozialleistungen.

Es liegt, so Stephan Schulmeister, »*im eigenen Interesse der Besitzer der (großen) Finanzvermögen, in der jetzigen Situation spürbare Konsolidierungsbeiträge zu leisten, um dem Staat eine nachhaltige Ankurbelung der Realwirtschaft zu ermöglichen.*«[143] Die Besitzer großer Finanzvermögen sind, wie oben gezeigt wurde, diejenigen, »*die den größten Teil der Staatsanleihen halten ... Die Deckung der Staatsanleihen besteht im künftigen Wirtschaftswachstum und den daraus erfließenden*

---

[143] Stephan Schulmeister, Mitten in der großen Krise. Ein »New Deal« für Europa. Wien 2010, S. 22.

Staatseinnahmen sowie den dadurch vermiedenen Sozialausgaben.«[144]

Zur Rückführung der Finanzaktiva bieten sich an:

- Sondersteuer für Einkommen über der Millionengrenze.

- Erhöhung des Steuerhöchstsatzes für Spitzeneinkommen.

- Reformierung der Erbschafts-, Kapitalertrags- und Unternehmenssteuern.

- Einführung einer Finanz-Transaktionssteuer (FTS). Besteuerung sämtlicher Finanztitel mit einem Steuersatz zwischen 0,1 und 0,01%. Eine solche Steuer würde computergesteuerte Tradings spezifisch verteuern und hätte eine dämpfende Wirkung, während sie langfristig orientierte Veranlagungen wie etwa Aktienkäufe oder Absicherungsgeschäfte nicht spürbar belasten würde.[145]

---

[144] Stephan Schulmeister, ebda. S. 22.

[145] Vgl. das Beispiel bei Stephan Schulmeister, a.a.O., S 89: »Wer Aktien im Wert von 10.000 Euro kauft, müsste dafür – bei einem Steuersatz von 0,05 Prozent – gerade einmal 2,50 Euro an FTS berappen ... Wenn ein Hedge Fund mit Hilfe eines computergesteuerten Trading Systems Derivate mit einem Basiswert von 10 Millionen Euro im Laufe eines Tages hundertmal kauft bzw. verkauft, so würde er dafür 250.000 Euro an FTS zu bezahlen haben.«

LITERATURHINWEISE

Was ist der Mensch?

Chardin, Pierre Teilhard de: Die Entstehung des Menschen, München 1961.

Damasio, Antonio R.: Selbst ist der Mensch, München 2011.

Damasio, Antonio R.: Der Spinoza-Effekt. Wie Gefühle unser Leben bestimmen, München 2003.

Eigen, Manfred: Stufen zum Leben, München 1987.

Holsboer, Florian: Biologie für die Seele, München 2011.

Kant, Immanuel: Kritik der reinen Vernunft, Paderborn, 2. Auflage 1787.

Lorenz, Konrad: Die acht Todsünden der zivilisierten Menschheit, München 1973.

Mechsner, Franz: Was ist der Mensch? In: GEO, Januar 2012.

Oparin, Alexander: The Origin of Life, New York 1938.

Russell, Bertrand: Wofür ich gelebt habe. In: *Fehige, Christoph u.a. (Hrsg.)*: Der Sinn des Lebens. München 2002.

Schramm, Gerhard: Baupläne des Lebens, München 1971.

Schramm, Henning: Recht auf Ineffizienz. Orientierung und Lebenssinn im Kapitalismus, Münster 2005.

Spork, Peter: Der zweite Code, Epigenetik – oder wie wir unser Erbgut steuern können, Hamburg 2009.

Steinmetz, Helmuth: Paläoneurologie: Hirnwachstum, Sprache und menschliche Evolution. Vortrag vom 15.3. 2010.

Glaube, Mythos Christentum

Albus, Michael: Das Christentum am Ende der Moderne, Düsseldorf 1996.
Damasio, Antonio: Selbst ist der Mensch, München 2011.
Jaspers, Karl: Vom Ursprung und Ziel der Geschichte, München 1983.
Kant, Immanuel: Kritik der reinen Vernunft, Paderborn, 2. Auflage von 1787.
Kurnitzky, Horst: Die unzivilisierte Zivilisation, Frankfurt/Main 2002.
Türcke, Christoph: Die Leiche im Keller. In: Michael *Albus*, Das Christentum am Ende der Moderne, Düsseldorf 1996.
Lüdemann, Gerd: Das Unheilige in der Heiligen Schrift, Stuttgart 1996.

Liebe in Zeiten Benedikts

Benedikt XVI.: Enzyklika ›Deus Caritas Est‹. Online-Fassung des Vatikans.
Damasio, Antonio S.: Der Spinoza-Effekt. Wie Gefühle unser Leben bestimmen. München 2003.
Fromm, Erich: Die Kunst des Liebens, Frankfurt 1979.
Negt, Oskar: Arbeit und menschliche Würde. Göttingen 2002.

Schramm, Henning: Recht auf Ineffizienz, Münster 2005.

Freiheit und soziale Verantwortung

Damasio, Antonio R.: Der Spinoza-Effekt. Wie Gefühle unser Leben bestimmen, München 2003.
Habermas, Jürgen: Glauben und Wissen, Rede anlässlich der Verleihung des Friedenspreises des deutschen Buchhandels 2001.

Demokratischer Marktsozialismus

Arendt, Hannah: Vita activa oder Vom tätigen Leben. München 1960.
Crouch, Colin: Post-Democracy, Oxford 2004. Deutsch: Postdemokratie, Frankfurt 2008.
Eucken, Walter: Grundsätze der Wirtschaftspolitik, Tübingen 2004.
Fehrle, Brigitte: Im Griff der Spekulanten. Leitartikel in der Frankfurter Rundschau vom 20.10.2011.
Flaßpöhler, Svenja: Wir Genussarbeiter, München 2011.
Habermas, Jürgen: Rettet die Würde der Demokratie. In: Faz.Net vom 14.11. 2011.
Hickel, Rudolf: Politisch gestalteter Kapitalismus. In: epaper der Frankfurter Rundschau vom 17.10.2011.
Klein, Naomi: Die Schockstrategie. Der Aufstieg des Katastrophenkapitalismus, Frankfurt 2009.

Müller-Armack, Alfred: Wirtschaftslenkung und Marktwirtschaft, München 1990.

Negt, Oskar: Der Bürger ist derjenige, der Mut zum Eigensinn bewahrt. In: Frankfurter Rundschau vom 17. 9. 2002.

Otte, Max: Der Crash kommt, Berlin 2008 (Erstauflage 2006).

Pilz, Dirk und *Schröter, Friederike*: Wir sind zunächst am Ende. In: Frankfurter Rundschau vom 5.11.2011.

Sachs, Wolfgang: Unwirtschaftliches Wachstum. In: Frankfurter Rundschau vom 1. Juli 2005.

Schröder, Thorsten: Kein Risiko, ein Spaß. In: Frankfurter Rundschau vom 5. 11. 2011.

Schulmeister, Stephan: Mitten in der großen Krise. Ein »New Deal« für Europa. Wien 2010.

Schwarzer, Alice: Marion Dönhoff. Köln 1996.

Stiglitz, Joseph: Die Schatten der Globalisierung, Berlin 2002.

Wagenknecht, Sahra: Freiheit statt Kapitalismus, Frankfurt 2011.

Willemsen, Roger: Deutschlandreise. Frankfurt/Main 2002.

Der Autor

Henning Schramm, aufgewachsen in Tübingen, studierte Soziologie, Volkswirtschaft und Ethnologie in Mainz, Tübingen und Frankfurt/Main.

Nach dem Examen zum Diplomsoziologen übernahm er zunächst eine Tätigkeit als Wissenschaftsredakteur in einem Institut für Erwachsenenbildung. Anschließend arbeitete Schramm als Wissenschaftlicher Mitarbeiter mit einem Lehrauftrag an der Universität Frankfurt/Main und danach als Marktforscher in einem privaten Forschungsinstitut.

Schramm ist seit über 15 Jahren als Schriftsteller tätig und hat zahlreiche Romane und Sachbücher veröffentlicht. Er lebt mit seiner Frau in Frankfurt/Main.

Mehr Informationen zum Autor und seinen bisher erschienenen Büchern finden Sie auf der Homepage:
www.henningschramm.de

Weitere Buchveröffentlichungen von Henning Schramm

Gutes Leben
Freiheit Gerechtigkeit Solidarität
Sachbuch

366 Seiten
BoD-Verlag 2020
ISBN: 978 3 752 60840 3

Unser Leben ist stark geprägt von einer imperialen Lebensweise. Der unverhältnismäßige Ressourcenverbrauch, die Kusum- und Produktionsmuster, die Ausbeutung der Natur und der Menschen und die von Kapitalinteressen geformte Ökonomie verhindern zunehmend gutes Leben. Dies fordert uns heraus, die Frage, was gutes Leben bedeutet und die Bedingungen für gutes Leben neu zu denken. Im Mittelpunkt des Buches steht neben der subjektiven Frage nach gutem Leben, wie sie sich jedem individuellen Leben stellt, somit auch die Frage nach den Voraussetzungen und Bedingungen der Transformation von einer imperialen hin zu einer sorgenden Lebensform – einer Gesellschaftsform also, in der gutes Leben für alle möglich ist.

"Wenn wir Neues schaffen wollen, müssen wir uns von dem bloß passiv-betrachtenden Denken, dem Zukunft fremd ist, lösen. Wir müssen den Willen zum Verändern der Welt, in der wir leben aufbringen und den Mut haben, unser Wissen und Denken auf die noch ungewordene Zukunft ausrichten."
(aus: GUTES LEBEN, S. 330)

Verdacht und Vertrauen
Eine deutsche Geschichte 1918-1968
Roman

400 Seiten
BoD-Verlag 2019
ISBN: 97837504419483

Auf der Grundlage biografischer Quellen und gesicherter historischer Fakten zeichnet der historische Roman ein Bild von Deutschland im 20. Jahrhundert, in der Argwohn und Verdächtigungen Vertrauen korrumpierten und so einen der Grundpfeiler einer funktionierenden Demokratie unterhöhlten. Der Roman mischt sich damit in die Diskussion ein, wie es damals zu der nationalsozialistischen Katastrophe kommen konnte. Er beleuchtet die Politik von Deutschland in der Nachkriegszeit, die in die 1968er-Revolte mündete und schärft den Blick für gegenwärtige rechtspopulistische Tendenzen in der Gesellschaft.

»Mit der Geschichte zweier deutscher Familien im Verlauf dreier Generationen beschreibt Henning Schramm anschaulich die psychische Gemengelage zwischen den Generationen, wie sie sich nach zwei verlorenen Weltkriegen und dem Zivilisationsbruch des Holocausts und des industriell organisierten Völkermords entwickelt hat.«
Auszug aus dem Vorwort von Heipe Weiss

Warum nicht die Wahrheit sagen. Olympe de Gouges«

Historisch-Biografischer Roman

448 Seiten
ISBN 9783754323939

»Ich bin eine Frau. Ich fürchte den Tod und eure Marter. Aber ich habe kein Schuldbekenntnis zu machen. Ist nicht die Meinungsfreiheit dem Menschen als wertvollstes Erbe geweiht?« So verteidigte sich die Frauenrechtlerin Olympe de Gouges vor dem Revolutionstribunal in Paris.

Eine kompromisslose Humanistin, eine sinnliche, lebenslustige und mutige Frau, die der Wahrheit unter Lebensgefahr zum Recht verhelfen will.

Der Leser taucht ein in die rebellische Zeit des Umbruchs, geprägt von den Anfängen der Aufklärung und den Hoffnungen wie auch der Gewalt, die mit der französischen Revolution verbunden waren.

Flammenbilder

Roman

270 Seiten
ISBN: 9783754331804

Wir leben in einer Zeit des schnellen Wandels und der Umbrüche. Schlagworte, die dies verdeutlichen, sind: Weltweite Fluchtbewegungen, Globalisierung, Neoliberalismus, Digitalisierung und die neuen soziale Medien. Begleiterscheinungen dieser Prozesse sind unter anderem das Aufblühen einer neuen Rechten in Deutschland.

Auf diesem Hintergrund entwirft der Roman ein Psychogramm der Staatsorgane wie Polizei, Verfassungsschutz und Justiz, die uns eigentlich schützen sollen, aber offenbar oftmals unfähig oder unwillig sind, die rechte Gewalt wirksam zu bekämpfen.

Sachkundig, wendungsreich und spannend entwickelt sich das Handlungsgeschehen hin zu einem raffinierten und fesselnden politischen Thriller.

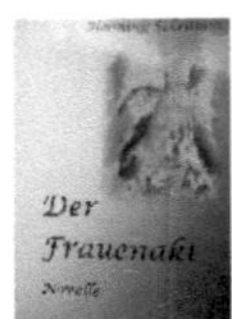

Der Frauenakt
Novelle

250 Seiten
ISBN 9783754332160

Solange es Kunst gibt, wird diskutiert, was Kunst ist und was den Wert eines Kunstwerks ausmacht. Die Rolle des Geldes führte in den großen Erzählungen um Kunst und Künstler bislang allerdings weitgehend ein Schattendasein. Im Zuge des Neoliberalismus und der Globalisierung hat sich in den letzten Jahren der Blickwinkel verändert.

Diese Problematik und die Rolle der Kunsthändler in diesem Geflecht bilden den Hintergrund der vorliegenden Novelle. Sie führt die Leser:innen in die schillernd-gefährliche Welt von Kunst und Kunsthandel und die Nazivergangenheiten der Familien der Protagonisten. Der Vorwurf der Geldwäsche und des Handels mit Raubkunst stehen im Raum ...

Piano Grande
Roman

360 Seiten
ISBN 9783754334041

Piano Grande ist ein leidenschaftlicher, zeitkritischer Roman über eine Frau, die auf dem Hintergrund einer von Ökonomie, Körperkult und Konsum geprägten Welt ihren Platz, ihre Identität, Liebe und Sinn sucht und ihre überraschenden Wurzeln findet.

Als der Himmel weinte
Kriminalroman,

212 Seiten
ISBN 9783839140307

Das Romangeschehen des Sozialthrillers basiert auf einer wahren Begebenheit, die literarisch verarbeitet wurde. Es führt den Leser in eine verstörende Realität, die Einblicke in das Dunkel unserer Fantasie mit ihren Scheinwelten gewährt, und die den Macht- und Allmachtsphantasien, die sich nicht nur in den ›Amokläufen‹ unserer Zeit widerspiegeln, immer mehr Raum bietet.

Recht auf Ineffizienz
Sachbuch

136 Seiten, Euro 7,99
ISBN 978-3865821959

Die aktuelle Diskussion über Reformen, den Zustand und die Zukunft Deutschlands und der Welt hat vielerorts zu einer Verunsicherung über den richtigen Weg in der Wirtschaft und Politik, aber auch der persönlichen Positionsbestimmung geführt. Die fortschreitende Kapitalisierung aller Lebensbereiche, die Sicherung des eigenen Gewinns auf Kosten der Niederlage anderer und Effizienzdenken beherrschen zunehmend die gesellschaftlichen Handlungsfelder. Auf diesem Hintergrund versucht das Buch eine Antwort auf die Fragen zu geben: Welchen Spielraum lassen diese ökonomischen und gesellschaftlichen Entwicklungen dem Menschen, um sich entfalten zu können? Wie können sie sich orientieren und Selbstbewusstsein und Selbst-Wert aufbauen?